本書係「敦煌文獻系統性保護整理出版工程」項目成果

二〇二一—二〇三五年國家古籍工作規劃重點出版項目

「十四五」國家重點出版物出版規劃項目

國家古籍整理出版專項經費資助項目

中國國家圖書館藏敦煌文獻

中國國家圖書館　編

第四九册

BD00723～BD00747

國家圖書館出版社

DUNHUANG MANUSCRIPTS IN THE NATIONAL LIBRARY OF CHINA

049

BD00723 ~ BD00747

compiled by the

National Library of China

National Library of China Publishing House

凡例

一 本書刊布中國國家圖書館藏敦煌文獻，以館藏編號爲序編排。

二 館藏編號采用「BD+流水號」格式，如BD00001, BD16579等。背面在編號後加v表示。一個編號包含多件文獻者，編號後分別綴以字母A, B, C等。一件文獻含有多個内容者，以數字-1, -2, -3等標明順序。

三 圖版有縮印或放大處另加説明，尺寸超出本書幅面的以摺葉形式呈現。

四 卷軸裝、梵夾裝、經摺裝等裝幀形制的敦煌文獻，各附外觀圖像。

五 每件文獻依次呈現外觀、正面、背面等。背面僅刊布有文字、圖像或其他要素的圖版，而略去素紙部分，背面圖版同樣以從右到左順序編排。凡有外題者，遵從以上原則。

六 除個別特殊情況外，爲保證閲讀連貫、流暢，圖版儘量通欄呈現。

七 各葉上方附該件文獻全圖，以高亮形式顯示本葉大圖在全卷中的位置。部分長卷文獻全圖衹能分多段呈現時，在上段末以符標示下段接續。卷尾内容不足一葉時，文獻全圖使用該圖卷尾部分，亦以符標示。背面圖版文字與正面文字方向相反時，文獻全圖按原貌顯示，正文翻轉呈現，以便閲讀研究，用符標示。

八 文獻題名大體沿用中國國家圖書館此前所編多部敦煌文獻目録的考證，部分吸收學界最新研究成果略作調整和完善。文獻題名綜合參考原卷首題、尾題、外題確定，如原卷題名與該文獻正式名稱不同，則采用正式名稱；無題名者，或比定題名，或擬定新名。非漢文文獻在題名前標注語種。有分卷不同等其他情況者，括注於文獻名稱後。

九 本書著録使用通行繁體字，涉及原文中的人名、地名等，必要時保留原字形。

About this publication

1. The documents are presented in shelfmark order.
2. The shelfmarks are in the form BD plus a running number, eg. BD00001, BD16579, &c. If a given shelfmark contains multiple documents, these are distinguished by the letters A, B, C, &c. If a document has multiple contents, they are distinguished by the numbering 1, 2, 3, &c. The verso side of an item is indicated by the letter v.
3. If it has been necessary to reduce or enlarge the size of an illustration, the dimensions are indicated. If the size of an illustration exceeds the size of the book, a folding sheet is used.
4. If the document is a scroll, a folded sutra, or has a stitched binding, a picture of the whole object is provided to show its external appearance.
5. The cover, front, and back of each document are reproduced in sequence. The back of a document is only reproduced if it contains text, illustrations, or other markings, and it is oriented from right to left. If it is blank it is not reproduced.
6. Except in a few special cases, the lines of text are reproduced unbroken to make them coherent and easier to read.
7. An illustration of the complete document is reproduced at the top of each page, and the section where the main illustration appears is highlighted in order to indicate its position. If it has only been possible to reproduce a long scroll in sections, the direction symbol has been used to indicate where one illustration ends and the next one begins. If the end of the scroll occupies less than one page, the direction symbol is used to indicate its position in the illustration of the complete document. If the text on the back of the document has a different orientation from the text on the front, it is reproduced as it is, but is also rotated (indicated with the rotation symbol) so that it can be read easily.
8. The titles of the documents generally conform with those already established by the Library, but in some cases have been amended by drawing on the most recent scholarly research. The titles are derived firstly from the beginning of the text, then from the end of the text, and lastly from the cover. If the title of a document differs from its authoritative form, the authoritative form is used; and if a document has no title, one is either supplied by comparison with similar documents, or a new one is devised. If the document is not in Chinese, its language is indicated before the title. If the number of juan is different from that of the authoritative version, or if there are other irregularities, this is noted.
9. The documents in the book are in traditional Chinese characters. Where the title contains personal or place names, the original characters used for these names are retained.

(Translated by David Helliwell)

第四九册目録

BD00723 金剛般若波羅蜜經

（後秦）鳩摩羅什 譯

209.2cm × 27.5cm

菩提佛言如是如是須菩提實无有法如來
得阿耨多羅三藐三菩提須菩提若有法如
來得阿耨多羅三藐三菩提然燈佛則不與
我受記汝於來世當得作佛号釋迦牟尼以
實无有法得阿耨多羅三藐三菩提是故然
燈佛與我受記作是言汝於來世當得作佛
号釋迦牟尼何以故如來者即諸法如義若
有人言如來得阿耨多羅三藐三菩提須菩
提實无有法佛得阿耨多羅三藐三菩提須
菩提如來所得阿耨多羅三藐三菩提於是
中无實无虛是故如來說一切法皆是佛法
須菩提所言一切法者即非一切法是故名

尊如來說人身長大則為非大身是名大身
須菩提菩薩亦如是若作是言我當滅度无
量衆生則不名菩薩何以故須菩提實无有
法名為菩薩是故佛說一切法无我无人无
衆生无壽者須菩提若菩薩作是言我當莊
嚴佛土是不名菩薩何以故如來說莊嚴佛
土者即非莊嚴是名莊嚴須菩提若菩薩通
達无我法者如來說名真是菩薩
須菩提於意云何如來有肉眼不如是世尊
如來有肉眼須菩提於意云何如來有天眼
不如是世尊如來有天眼須菩提於意云何
如來有慧眼不如是世尊如來有慧眼須菩
提於意云何如來有法眼不如是世尊如來

提於意云何如來有法眼不如是世尊如來
有法眼須菩提於意云何如來有佛眼不如
是世尊如來有佛眼
須菩提於意云何恒河中所有沙佛說是沙不
如是世尊如來說是沙須菩提於意云何如
一恒河中所有沙有如是等恒河是諸恒河
所有沙數佛世界如是寧為多不甚多世尊
佛告須菩提尒所國土中所有衆生若干種心
如來悉知何以故如來說諸心皆為非心是
名為心所以者何須菩提過去心不可得現
在心不可得未來心不可得
須菩提於意云何若有人滿三千大千世界
七寶以用布施是人以是因緣得福多不如

是世尊此人以是因緣得福甚多
若福德有實如來不說得福德多以福德
无故如來說得福德多
須菩提於意云何佛可以具足色身見不不也
世尊如來不應以具足色身見何以故如來說
具足色身即非具足色身是名具足色身須
菩提於意云何如來可以具足諸相見不不
也世尊如來不應以具足諸相見何以故如
來說諸相具足即非具足是名諸相具足須
菩提汝勿謂如來作是念我當有所說法莫
作是念何以故若有人言如來有所說法即
為謗佛不能解我所說故須菩提說法者无
法可說是名說法須菩提白佛言世尊佛得
阿耨多羅三藐三菩提為无所得耶如是如

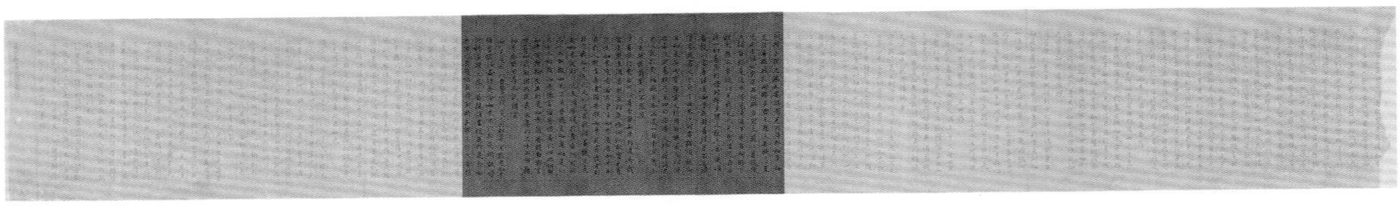

阿耨多羅三藐三菩提爲无所得耶如是如
是須菩提我於阿耨多羅三藐三菩提乃至
无有少法可得是名阿耨多羅三藐三菩提復
次須菩提是法平等无有高下是名阿耨多
羅三藐三菩提以无我无人无衆生无壽者
脩一切善法則得阿耨多羅三藐三菩提須
菩提所言善法者如來說非善法是名善法
須菩提若三千大千世界中所有諸須弥山
王如是等七寶聚有人持用布施若人以此
般若波羅蜜經乃至四句偈等受持讀誦爲
他人說於前福德百分不及一百千万億分
乃至筭數譬喻所不能及
須菩提於意云何汝等勿謂如來作是念我

[illegible]
衆生如來度者若有衆生如來度者如來則
有我人衆生壽者須菩提如來說有我者則
非有我而凡夫之人以爲有我須菩提凡夫
者如來說則非凡夫須菩提於意云何可以
三十二相觀如來不須菩提言如是如是以
三十二相觀如來佛言須菩提若以卅二相觀
如來者轉輪聖王則是如來須菩提白佛言
世尊如我解佛所說義不應以三十二相觀
如來尒時世尊而說偈言
若以色見我　以音聲求我　是人行邪道　不能見如來
須菩提汝若作是念如來不以具足相故得
阿耨多羅三藐三菩提須菩提莫作是念如
來不以具足相故得阿耨多羅三藐三菩提

来不以具足相故得阿耨多羅三藐三菩提
須菩提汝若作是念發阿耨多羅三藐三菩
提者説諸法断滅相莫作是念何以故發阿耨
多羅三藐三菩提者於法不説断滅相須菩
提若菩薩以滿恒河沙等世界七寶布施若
復有人知一切法无我得成於忍此菩薩勝
前菩薩所得功德須菩提以諸菩薩不受福
德故須菩提白佛言世尊云何菩薩不受福
德須菩提菩薩所作福德不應貪著是故説
不受福德須菩提若有人言如来若来若去
若坐若卧是人不解我所説義何以故如来
者无所從来亦无所去故名如来
須菩提若善男子善女人以三千大千世界

不甚多世尊何以故若是微塵衆實有者
佛則不說是微塵衆所以者何佛說微塵衆
則非微塵衆是名微塵衆世尊如來所說三
千大千世界則非世界是名世界何以故若世
界實有者則是一合相如來說一合相則非
一合相是名一合相須菩提一合相者則是
不可說但凡夫之人貪著其事
須菩提若人言佛說我見人見衆生見壽者
見須菩提於意云何是人解我所說義不世
尊是人不解如來所說義何以故世尊說我
見人見衆生見壽者見即非我見人見衆生
見壽者見是名我見人見衆生見壽者見
須菩提發阿耨多羅三藐三菩提心者於一

須菩提發阿耨多羅三藐三菩提心者於一
切法應如是知如是見如是信解不生法相
是名法相須菩提若有人以滿无量阿僧祇
世界七寶持用布施若有善男子善女人發
菩薩心者持於此經乃至四句偈等受持讀
誦為人演說其福勝彼云何為人演說不取
於相如如不動何以故
一切有為法 如夢幻泡影 如露亦如電 應作如是觀
佛說是經已長老須菩提及諸比丘比丘尼
優婆塞優婆夷一切世間天人阿脩羅聞佛
所說皆大歡喜信受奉持

金剛般若波羅蜜經

BD00724 大般涅槃經卷三八

（北凉）曇無讖 譯

125.5cm×30cm

善男子若菩薩摩訶薩若比丘比丘尼優婆塞優婆夷能修十想當知是人能
得涅槃云何為十一者無常想二者苦想三者無我想四者厭離食想五者一切世間
不可樂想六者死想七者多過罪想八者離想九者滅想十者無愛想善男子菩薩
摩訶薩比丘比丘尼優婆塞優婆夷修集如是十種想者是人畢竟定得涅槃不
隨他心自能分別善不善等是名真實稱比丘義乃至得稱優婆夷義迦葉
菩薩言世尊云何名為菩薩乃至優婆夷等修無常想善男子菩薩二種一初
發心二已行道無常想者亦復二種一麁二細初心菩薩觀無常想時作是思惟世
間之物凡有二種一內二外如是內物無常變異我見生時小時大時壯時老時死時
是諸時節各各不同是故當知內物無常復作是念我見眾生或有肥鮮具
足色力去來進止自在無礙或見病苦色力羸悴顏貌羸損不得自在或見
財富庫藏盈溢或見貧窮觸事斷乏或見成就無量功德或見具足無量
惡法是故定知內法無常復觀外法子時牙時莖時葉時花時菓時如是諸
時各各不同如是外法或有具足或不具足是故當知一切外物定是無常既
觀是法是無常已復觀聞法我聞諸天具足成就殊妙快樂神通自在亦有
五相是故當知即是無常復聞初劫有諸眾生各各具足上妙功德身光自照
不假日月無常力故光滅德損復聞昔有轉輪聖王統四天下成就七寶得
大自在而不能壞無常之相復觀大地往昔之時安處布置無量眾生間無
空處如車輪許具足生長一切妙藥叢林樹木菓實滋茂眾生薄福令
此大地無復勢力所生之物遂成虛耗是故當知內外之法一切無常是則名為
麁無常也既觀麁已次觀細者云何名細菩薩摩訶薩觀於一切內外之物
乃至微塵在未來時已是無常[illegible]

乃至後塵在未來時已是無常何以故具足成就破壞相故未來色非無常
者不得言色有十時差別云何十時一者膜時二者泡時三者疱時四者肉團時
五者枝時六者嬰孩時七者童子時八者少年時九者盛壯時十者衰老
時菩薩觀膜若非無常不應至泡乃至盛壯非無常者終不至老若是諸時
非念念滅終不漸長應當一時成長具足無是義故當知定有念念微細無常
復見有人諸根具足顏色暉曄後見枯悴復作是念是人定有念念無常復觀
四大及四威儀復觀內外各二苦因飢渴寒熱復觀是四若無念念微細無常亦
不得說如是四苦若有菩薩能作是念是名菩薩觀細無常如內外色心法亦尒
何以故行六處故行六處時或生喜心或生瞋心或生愛心或生念心展轉異生不得
一種是故當知一切色法及非色法悉是無常善男子菩薩若能於一念中見一切
法生滅無常是名菩薩具無常想　善男子智者修集無常想已遠離常慢
倒想倒次修苦想何因緣故有如是苦深知是苦因於無常因無常故受生老
病死生老病死因緣故名為無常無常因緣受內外苦飢渴寒熱鞭打罵辱如是
等苦皆因無常復次智者深觀此身即無常器即苦以器苦故所受盛法亦
復是苦善男子智者復觀生即是苦滅即是苦生滅故即是無常非我我
所修無我想智者復觀苦即無常無常即苦若苦無常智者云何說言有
我苦非是我無常亦尒如是五陰亦苦無常眾生云何說言有我復次觀一切
法有異和合不從一和合生一切法亦非一法是一切和合果一切和合皆無自
性亦無一性亦無異性亦無物性亦無自在諸法若有如是等相智者云何說
言有我復作是念一切法中無有一法能為作者若使一法不能作者眾法和合
亦不能作一切諸法性終不能獨生獨滅和合故滅和合故生是法生已眾生
倒想言是和合從和合生眾生倒想無有真實云何而有真實我耶是故智

倒想言是和合從和合生衆生倒想無有真實云何而有真實我耶是故智
者觀於無我又復諦觀何因緣故衆生說我是我若有應一應多我若一者云何
而有刹利婆羅門毗舍首陁人天地獄餓鬼畜生大小老壯是故知我非是一也我
若多者云何說言衆生我者是一是遍無有邊際若一若多二俱無我智
者如是觀無我已次復觀於猒離食想作是念言若一切法無常苦無我
云何為食起身口意三種惡業若有衆生貪食故起身口意三種惡業
所得財物衆皆共之後受苦果無共分者善男子智者復觀一切衆
生為飲食故身心受苦若從衆苦而得食者我當云何於是食中而生
貪著是故於食不生貪心復次智者當觀是身因於飲食身得增長
我今出家受戒修道為欲捨身今貪此食云何當得捨此身耶如是
觀已雖復受食猶如曠野食其子肉其心猒惡都不甘樂深觀揣食
有如是過次觀觸食如被剝牛為無量虫之所唼食次觀思食
如大火聚識食猶如三百鑽矛善男子智者如是觀四食已於食
終不生貪樂想若猶生貪當觀不淨何以故為離食愛故於一切
食善能分別不淨之想隨諸不淨令與相似如是觀已若得好食
及以惡食受時猶如塗癰瘡藥終不生於貪愛之心善男子智者若
能如是觀者是名成就猒離食想迦葉菩薩言世尊智者觀食作不
淨想為是實觀虛解觀耶若是實觀所觀之食實非不淨若
是虛解是法云何名為善想佛言善男子如是想者亦是實觀亦
是虛解能壞貪食故名為實非虫見虫故名虛解善男子一切有
漏皆名為虛亦能得實善男子若有比丘發心乞食預作是念我當乞
食願得好者莫得麁惡願必多得莫令鮮少亦願速得莫令遲晚如是
比丘不名於食得猒離想所修善法日夜衰耗不善之法

比丘不名於食得厭離想所修善法日夜衰耗不善之法
漸當增長善男子若有比丘欲乞食時先當願言令諸乞者悉得飽
滿其施食者得無量福我若得食為療毒身修集善法利益施
主作是願時所修善法日夜增長不善之法漸當消滅善男子若有
比丘能如是修當知是人不空食於國中信施善男子智者具足如是
四想能修世間不可樂想作是念言一切世間無處不有生老病死
而我此身無處不生善世間中無有一處當得離於生老病死我
當云何樂於世間無有進得而不退失是故世間定是無常若是無
常云何智人而樂於世一一衆生周遍經歷一切世間具受苦樂雖復
得受梵天之身乃至非想非非想天命終還墮三惡道中雖為四
王乃至他化自在天身命終生於畜生道中或為師子虎兕豺狼
象馬牛驢次觀轉輪聖王之身統四天下豪貴自在福盡貧困
衣食不供智者深觀如是事已生於世間不可樂想智者復觀
世間有法所謂舍宅衣服飲食卧具醫藥香花瓔珞種種伎樂
財物寶貨如是等事皆為離苦而是等物體即是苦云何以苦
欲離於苦善男子智者如是觀已於世間物不生愛樂而作樂想
善男子譬如有人身嬰重病雖有種種音樂倡伎香花瓔珞終
不於中生貪愛樂智者觀已亦復如是善男子智者深觀一切世間
非歸依處非解脫處非寂靜處非不愛處非彼岸處非是常樂
我淨之法若我貪樂如是世間我當云何得離是法如人不樂處
闇而求光明還復歸闇闇即世間明即出世若我樂世增長黑闇
遠離光明闇即無明光即智明是智明因即是世間不可樂想一切
貪結雖是繫縛然我今者貪於智明不貪世間智者深觀如是
法已具足世間不可樂想善男[illegible]

是智明因緣是世間不可樂想一切
貪結雖是繫縛然我今者貪於智明不貪世間智者深觀如是
法已具足世間不可樂想善男子有智之人已修世間不可樂想
次修死想觀是壽命常為无量怨讎所遶念念損減无有增
長猶山瀑水不得停住亦如朝露勢不久停如囚趣市步步近
死如牽牛羊詣於屠所迦葉菩薩言世尊云何智者觀念念
滅善男子譬如四人皆善射術聚在一處各射一方俱作是念我等
四箭俱發俱墮復有一人作是念言如是四箭及其未墮我能一時
以手接取善男子如是之人可說疾不迦葉菩薩言如是世尊佛言
善男子地行鬼疾復速是人有飛行鬼復速地行四天王疾復速
飛行日月神天復速四王行堅疾天復速日月眾生壽命復速堅疾善
男子一息一眴眾生壽命四百生滅智者若能觀命如是是名能觀
念念滅也善男子智者觀命繫屬死王我若能離如是死王則
得永斷無常壽命復次智者觀是壽命猶如河岸臨峻大樹
亦如有人作大逆罪及其受戮無憐惜者如師子王大飢困時亦
如毒蛇吸大風時猶如渴馬護惜水時如大惡鬼瞋恚發時眾生死王
亦復如是善男子智者若能作如是觀是則名為修集死想善男子
智者復觀我今出家設得壽命七日七夜我當於中精勤修道
護持禁戒說法教化利益眾生是名智者修於死想復以七日七夜
為多若得六日五日四日三日二日一時乃至出息入息之頃我當於中精
勤修道護持禁戒說法教化利益眾生是名智者善修死想智者具足
如上六想即七想因何等名七一者常修想二者樂修想
三者無瞋想四者無妒想五者善願想六者無慢想七者三昧自在想

三者無瞋想四者無妬想五者善願想六者無慢想七者三昧自在想
善男子若有比丘具足七想是名沙門名婆羅門是名寂靜是名淨潔是
名解脫是名智者是名正見名到彼岸名大醫王是大商主是名善解如
來秘密亦知諸佛七種之語名正見知斷七語中所生疑網善男子若
人具足如上六想當知是人能訶三界遠離三界滅除三界於三界中不生愛著是名
智者具足十想若有比丘具足十想則得稱可沙門之相尒時迦葉菩薩
即於佛前以偈讚佛

BD00725

妙法蓮華經卷一

（後秦）鳩摩羅什 譯

163.9cm × 27.5cm

薄德少福人　衆苦所逼迫　入邪見稠林　若有若无等
依止此諸見　具足六十二　深著虚妄法　堅受不可捨
我慢自矜高　謟曲心不實　於千万億劫　不聞佛名字
亦不聞正法　如是人難度　是故舍利弗　我為設方便
說諸盡苦道　示之以涅槃　我雖說涅槃　是亦非真滅
諸法從本来　常自寂滅相　佛子行道已　来世得作佛
我有方便力　開示三乘法　一切諸世尊　皆說一乘道
今此諸大衆　皆應除疑惑　諸佛語无異　唯一无二乘
過去无數劫　无量滅度佛　百千万億種　其數不可量
如是諸世尊　種種緣譬喻　无數方便力　演說諸法相
是諸世尊等　皆說一乘法　化无量衆生　令入於佛道
又諸大聖主　知一切世間　天人羣生類　深心之所欲
更以異方便　助顯第一義　若有衆生類　值諸過去佛

若聞法布施　或持戒忍辱　精進禪智等　種種修福德
如是諸人等　皆已成佛道　諸佛滅度已　若人善軟心
如是諸衆生　皆已成佛道　諸佛滅度已　供養舍利者
起方億種塔　金銀及頗梨　車璖與馬瑙　玫瑰瑠璃珠
清淨廣嚴飾　莊校於諸塔　或有起石廟　栴檀及沉水
木櫁并餘材　塼瓦泥土等　若於曠野中　積土成佛廟
乃至童子戲　聚沙為佛塔　如是諸人等　皆已成佛道
若人為佛故　建立諸形像　刻雕成衆相　皆已成佛道
或以七寶成　鍮石赤白銅　白鑞及鉛錫　鐵木及與泥
或以膠漆布　嚴飾作佛像　如是諸人等　皆已成佛道
綵畫作佛像　百福莊嚴相　自作若使人　皆已成佛道
乃至童子戲　若草木及筆　或以指爪甲　而畫作佛像
如是諸人等　漸漸積功德　具足大悲心　皆已成佛道
但化諸菩薩　度脫无量衆　若人於塔廟　寶像及畫像

但化諸菩薩　廣脫无量衆　若人於塔廟　寶像及畫像
以華香幡蓋　敬心而供養　若使人作樂　擊鼓吹角貝
簫笛琴箜篌　琵琶鐃銅鈸　如是衆妙音　盡持以供養
或以歡喜心　歌唄頌佛德　乃至一小音　皆已成佛道
若人散亂心　乃至以一華　供養於畫像　漸見无數佛
或有人礼拜　或復但合掌　乃至舉一手　或復小低頭
以此供養像　漸見无量佛　自成无上道　廣度无數衆
入无餘涅槃　如薪盡火滅　若人散亂心　入於塔廟中
一稱南无佛　皆已成佛道　於諸過去佛　在世或滅後
若有聞是法　皆已成佛道　未来諸世尊　其數无有量
是諸如来等　亦方便說法　一切諸如来　以无量方便
度脫諸衆生　入佛无漏智　若有聞法者　无一不成佛
諸佛本誓願　我所行佛道　普欲令衆生　亦同得此道
未来世諸佛　雖說百千億　无數諸法門　其實爲一乘

諸佛兩足尊　知法常無性　佛種從緣起　是故說一乘
是法住法位　世間相常住　於道場知已　導師方便說
天人所供養　現在十方佛　其數如恒沙　出現於世間
安隱眾生故　亦說如是法　知第一寂滅　以方便力故
雖示種種道　其實為佛乘　知眾生諸行　深心之所念
過去所習業　欲性精進力　及諸根利鈍　以種種因緣
譬喻亦言辭　隨應方便說　今我亦如是　安隱眾生故
以種種法門　宣示於佛道　我以智慧力　知眾生性欲
方便說諸法　皆令得歡喜　舍利弗當知　我以佛眼觀
見六道眾生　貧窮无福慧　入生死險道　相續苦不斷
深著於五欲　如犛牛愛尾　以貪愛自蔽　盲瞑无所見
不求大勢佛　及與斷苦法　深入諸邪見　以苦欲捨苦
為是眾生故　而起大悲心　我始坐道場　觀樹亦經行
於三七日中　思惟如是事　我所得智慧　微妙最第一

於三七日中　思惟如是事　我所得智慧　微妙最第一
衆生諸根鈍　著樂癡所盲　如斯之等類　云何而可度
尒時諸梵王　及諸天帝釋　護世四天王　及大自在天
并餘諸天衆　眷屬百千万　恭敬合掌礼　請我轉法輪
我即自思惟　若但讚佛乘　衆生沒在苦　不能信是法
破法不信故　墜於三惡道　我寧不說法　疾入於涅槃
尋念過去佛　所行方便力　我今所得道　亦應說三乘
作是思惟時　十方佛皆現　梵音慰喻我　善哉釋迦文
第一之導師　得是无上法　隨諸一切佛　而用方便力
我等亦皆得　最妙第一法　為諸衆生類　分別說三乘
少智樂小法　不自信作佛　是故以方便　分別說諸果
雖復說三乘　但為教菩薩　舍利弗當知　我聞聖師子
深淨微妙音　喜稱南无佛　復作如是念　我出濁惡世
如諸佛所說　我亦隨順行　思惟是事已　即趣波羅㮈

諸法寂滅相 不可以言宣 以方便力故 為五比丘說
是名轉法輪 便有涅槃音 及以阿羅漢 法僧差別名
從久遠劫來 讚示涅槃法 生死苦永盡 我常如是說
舍利弗當知 我見佛子等 志求佛道者 无量千萬億
咸以恭敬心 皆來至佛所 曾從諸佛聞 方便所說法
我即作是念 所以出於世 為說佛慧故 今正是其時
舍利弗當知 鈍根小智人 著相憍慢者 不能信是法
今我喜无畏 於諸菩薩中 正直捨方便 但說无上道
菩薩聞是法 疑網皆已除 千二百羅漢 悉亦當作佛
如三世諸佛 說法之儀式 我今亦如是 說无分別法
諸佛興出世 懸遠值遇難 正使出于世 說是法復難
无量无數劫 聞是法亦難 能聽是法者 斯人亦復難
譬如優曇華 一切皆愛樂 天人所希有 時時乃一出
聞法歡喜讚 乃至發一言 則為已供養 一切三世佛

聞法歡喜讚　乃至發一言　則為已供養　一切三世佛
是人甚希有　過於優曇華　汝等勿有疑　我為諸法王
普告諸大衆　但以一乘道　教化諸菩薩　无聲聞弟子
汝等舍利弗　聲聞及菩薩　當知是妙法　諸佛之祕要
以五濁惡世　但樂著諸欲　如是等衆生　終不求佛道
當來世惡人　聞佛說一乘　迷惑不信受　破法墮惡道
有慚愧清淨　志求佛道者　當為如是等　廣讚一乘道
舍利弗當知　諸佛法如是　以万億方便　隨宜而說法
其不習學者　不能曉了此　汝等既已知　諸佛世之師
隨宜方便事　无復諸疑惑　心生大歡喜　自知當作佛

妙法蓮華經卷第一

BD00726 大般若波羅蜜多經卷八六

（唐）玄奘 譯

BD00726v 雜寫

91.6cm×25.5cm

空空大空勝義空有
无際空散空无變
空一切法空不可
自性空外空乃至无
摩訶薩不見外空乃
菩薩摩訶薩不見 故不於内空
外空乃至无性自性空故不於外空乃
性自性空學何以故憍尸迦不可内
内空空不可外空乃至无性自性空空尸
空乃至无性自性空空故憍尸迦不可内
空於内空空學不可外空乃至无性自性
空於外空乃至无性自性空空學故憍尸迦
真如真如性空故菩薩摩訶薩不見真如法

不思議界性空故菩薩摩訶薩不見法界乃
至不思議界憍尸迦菩薩摩訶薩不見真如
故不於真如學不見法界乃至不思議界故
不於法界乃至不思議界學何以故憍尸迦
不可真如空見真如空不可法界乃至不思
議界空見法界乃至不思議界空故憍尸迦
不可真如空於真如空學不可法界乃至不
思議界空於法界乃至不思議界空學故
憍尸迦布施波羅蜜多布施波羅蜜多性空
故菩薩摩訶薩不見布施波羅蜜多淨戒安
忍精進靜慮般若波羅蜜多淨戒安忍精進
靜慮般若波羅蜜多性空故菩薩摩訶薩不
見淨戒安忍精進靜慮般若波羅蜜多憍尸
迦菩薩摩訶薩不見布施波羅蜜多故不於

迦菩薩摩訶薩不見布施波羅蜜多故不於
布施波羅蜜多學不見淨戒安忍精進靜慮
般若波羅蜜多故不於淨戒安忍精進靜慮
般若波羅蜜多學何以故憍尸迦不可布施
波羅蜜多空見布施波羅蜜多空不可淨戒
安忍精進靜慮般若波羅蜜多空見淨戒安
忍精進靜慮般若波羅蜜多空故憍尸迦不
可布施波羅蜜多空於布施波羅蜜多空學
不可淨戒安忍精進靜慮般若波羅蜜多空
於淨戒安忍精進靜慮般若波羅蜜多空學
故憍尸迦四靜慮四靜慮性空故菩薩摩訶
薩不見四靜慮四无量四无色定四无量四
无色定性空故菩薩摩訶薩不見四无量四

於四无量四无色定學何以故憍尸迦不可
四靜慮空見四靜慮空不可四无量四无色
定空見四无量四无色定空故憍尸迦不可
四靜慮空於四靜慮空學不可四无量四无
色定空於四无量四无色定空學故憍尸迦
八解脫八解脫性空故菩薩摩訶薩不見八
解脫八勝處九次第定十遍處八勝處九次
第定十遍處性空故菩薩摩訶薩不見八勝
處九次第定十遍處憍尸迦菩薩摩訶薩不
見八解脫故不於八解脫學不見八勝處九
次第定十遍處故不於八勝處九次第定十
遍處學何以故憍尸迦不可八解脫空見八
解脫空不可八勝處九次第定十遍處空見

解脫空不可八勝處九次第定十遍處空見
八勝處九次第定十遍處空故憍尸迦不

BD00726v　雜寫

BD00727 四分律戒本疏卷三

沙門慧 述

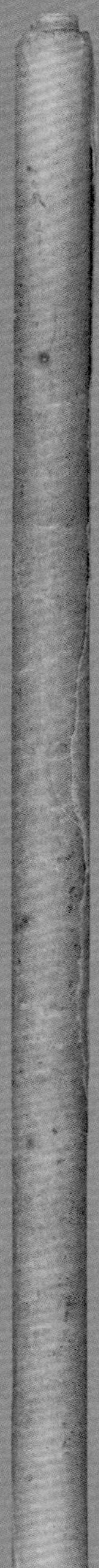

60cm × 27cm

生具陰不一世親[illegible]行通三趣女根[illegible]

犯境 十律云三趣女共宿並犯

若駝馬牛羊若卧若立等鵝鷹孔雀鷄等若一脚立頭並頂上即

名犯宿乃至他舍有女人客擔舁反宿亦犯四知共同宿者但知宿即

犯不同 二行要須共斷方犯五分若母女姉妹近親病若有知男自伴

不卧皆不犯此律下開自病不犯對此病開亦應立緣已下正明戒本

此戒因阿那律行路至婬女舍宿被女嬈尊者身在虛空中彼慚愧懺

悔說法得道比丘舉過仏使制戒 若比丘与女人同室宿者波逸提 此謂

之戒本文有四句 一犯人 二女人 三同室宿 四犯 初句可知 第二言与女人者律

云人女有知命根不斷 三言同室宿者宿室有四種 一四周障上有覆即同

在一室內中有隔者準論不合 二前敞无壁即長行房簷下兩頭有

障 三雖覆而不遍即周匝回廊一門上通覆門中央 四雖有覆遍而有

開處謂通覆障上少開明孔 言宿者此等四室比丘共女人同宿或女人

後至或二人俱至若立若卧隨脇著側 下皆犯 四言波逸提者是犯句於中

有二 若与女人同宿吉羅 若比丘晝日卧女人立者吉羅女人若坐犯屏

隨多善二論若都集 堂周障內護使堂中有諸小房

雖各別以堂同故猶是一房若多房共一房亦犯乃至由一處

[illegible]
雪欲入〻房〻應端身直坐〻若老〻病不能坐者當施鬲不得用珠物
高床脚下至地不得容猫兒過〻若无鬲者〻女人可信應語女人言
汝先眠我坐〻比丘欲眠〻語令起我欲眠汝莫眠〻若者眠汝无福德多論
与十女宿得十隨一〻轉各〻得十隨〻若白衣舍与女人並房不開戶宿
不犯中律云〻若先不知室內有女宿〻若不覺宿相〻若行〻若坐〻若病〻若
為强力所役〻若為人所縛〻若命梵等並无犯
与未受具戒人同室宿過限戒第五制意者凡道俗路乖情事相反
始習未閑事多相煩近則生傷亂道癈業故宜別受在道〻益敬為是
故須制然出家之人栖心无定事有遊行投人止宿在形濟令文沙彌
離俗凖蒙在此處无所依事須養接是以開聽限期二宿然禁則防其
過開則通其〻益開制之宜理所應然別具五一未受具人男子齊者
女人以仏不聽与人同室本不開二夜何有過三〻各故伽論云以二夜
并沙彌宿第三夜并女人宿得二提罪二室相成就三共同室四知同室
五隨過三夜犯提已下四開戒本此戒文三初句略制二緣制隨開二夜
三夜後廣制言略制者同共〻屏共〻長老同室宿中有比丘亂心睡眠
形露為彼〻調弄仏制不聽共〻宿〻言緣隨開者次四罪者開聽〻一三兩仏
既不聽与未具〻人宿驅出羅去是順教何以呵〻言癡人无慈不護我

[illegible]
既不聽与未具人宿驅出羅去是順教何以呵言癡人无慈不護戒
意答失為弟子有事〻將理須諮啓仏曰事開聽汝驅出非弟子
〻儀无慈〻甚是以仏呵癡人无慈親是弟子有事〻將理尚
仏子尚不慈念豈况餘人寧有慈愍　　五六仏呵癡人云何野干驅
遠師讚嘆持戒曰聽共未受具人二宿言第三廣制者下所弁是　若
比丘与未受具戒人共宿過二宿三宿波逸提　此補足戒本文有四句　一犯人
二未受具人三共宿過限四結罪初句可知二言未受具人者除比丘〻尼未受
大戒人是三言共宿者律云同室宿者有四種如前所中四句者別一人
一室異〻二室一人異〻三人室俱〻四人室俱異〻此等並是共宿中攝二言過二宿至
三宿[illegible]明相未出應起避去若至第四宿若夜自

BD00728 大般若波羅蜜多經卷二五六

（唐）玄奘 譯

43.5cm × 26.9cm

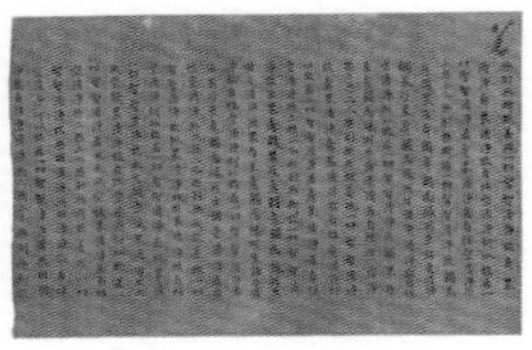

無別無斷故善現一切智智清淨故身界
清淨身界清淨故自性空清淨何以故若一
切智智清淨若身界清淨若自性空清淨無
二無二分無別無斷故一切智智清淨故觸界
身識界及身觸身觸為緣所生諸受清淨
觸界乃至身觸為緣所生諸受清淨故自性
空清淨何以故若一切智智清淨若觸界乃
至身觸為緣所生諸受清若自性空清淨
無二無二分無別無斷故善現一切智智清淨
故意界清淨意界清淨故自性空清淨何
以故若一切智智清淨若意界清淨若自性
空清淨無二無二分無別無斷故一切智智清
淨故法界意識界及意觸意觸為緣所生
清淨法界乃至意觸為緣所生諸受清

法界乃至意觸為緣所生諸受清淨若自
性空清淨無二無二分無別無斷故善現一切
智智清淨故地界清淨地界清淨故自性
空清淨何以故若一切智智清淨若地界清
一切智智清淨故水火風空識界清淨水火
風空識界清淨故自性空清淨何以故若一
切智智清淨若水火風空識界清淨若自性
空清淨無二無二分無別無斷故善現一切
智智清淨故無明清淨無明清淨故自性
空清淨何以故若一切智智清淨若無明清
淨若自性空清淨無二無二分無別無斷故

BD00729 妙法蓮華經（八卷本）卷六

（後秦）鳩摩羅什 譯

710cm × 25.5cm

佗□要
滅度如來以是方便教化衆生所以者何若
佛久住於世薄德之人不種善根貧窮下賤
貪著五欲入於憶想妄見網中若見如來常
在不滅便起憍恣而懷猒怠不能生難遭之
想恭敬之心是故如來以方便說比丘當知
諸佛出世難可值遇所以者何諸薄德人過
无量百千万億劫或有值佛或不見者以此事
故我作是言諸比丘如來難可得見斯衆生
等聞如是語必當生於難遭之想心懷戀慕
渴仰於佛便種善根是故如來雖不實滅而
言滅度又善男子諸佛如來法皆如是　為度
衆生皆實不虛譬如良醫智慧聰達明練
……子息若十二十乃

至百數以有事緣遠至餘國諸子於後飲他
毒藥藥發悶亂宛轉于地是時其父還來歸
家諸子飲毒或失本心或不失者遙見其父
皆大歡喜拜跪問訊善安隱歸我等愚癡
誤服毒藥願見救療更賜壽命父見子等苦
惱如是依諸經方求好藥草色香美味皆悉具
足擣簁和合與子令服而作是言此大良藥色
香美味皆悉具足汝等可服速除苦惱无復
眾患其諸子中不失心者見此良藥色香俱
好即便服之病盡除愈餘失心者見其父來
雖亦歡喜問訊求索治病然與其藥而不
肯服所以者何毒藥深入失本心故於此好
色香藥而謂不美父作是念此子可愍為毒
所中心皆顛倒雖見我喜求索救療如是好
藥不而肯服我今當設方便令服此藥即作是

藥不而肯服我今當設方便令服此藥即作是
言汝等當知我今衰老死時已至是好良藥
今留在此汝可取服勿憂不差作是教已復
至他國遣使還告汝父已死是時諸子聞
父背喪心大憂惱而作是念若父在者慈愍
我等能見救護今者捨我遠喪他國自惟孤
露无復恃怙常懷悲感心遂醒悟乃知此藥
色味香美即取服之毒病皆愈其父聞子悉
已得差尋便來歸咸使見之諸善男子於意
云何頗有人能說此良藥虛妄罪不不也世
尊佛言我亦如是成佛已來无量无邊百千
萬億那由他阿僧祇劫為衆生故以方便力
言當滅度亦无有能如法說我虛妄過者
尒時世尊欲重宣此義而說偈言

常說法教化　无數億衆生　令入於佛道　尒來无量劫
為度衆生故　方便現涅槃　而實不滅度　常住此說法
我常住於此　以諸神通力　令顛倒衆生　雖近而不見
衆見我滅度　廣供養舍利　咸皆懷戀慕　而生渴仰心
衆生既信伏　質直意柔軟　一心欲見佛　不自惜身命
時我及衆僧　俱出靈鷲山
我時語衆生　常在此不滅　以方便力故　現有滅不滅
餘國有衆生　恭敬信樂者　我復於彼中　為說无上法
汝等不聞此　但謂我滅度
我見諸衆生　沒在於苦惱　故不為現身　令其生渴仰
因其心戀慕　乃出為說法　神通力如是　於阿僧祇劫
常在靈鷲山　及餘諸住處　衆生見劫盡　大火所燒時
我此土安隱　天人常充滿　園林諸堂閣　種種寶莊嚴
寶樹多華菓　衆生所遊樂　諸天擊天鼓　常作衆伎樂

寶樹多華果　衆生所遊樂　諸天擊天鼓　常作衆伎樂
雨曼陁羅華　散佛及大衆　我淨土不毀　而衆見燒盡
憂怖諸苦惱　如是悉充滿　是諸罪衆生　以惡業因緣
過阿僧祇劫　不聞三寶名　諸有脩功德　柔和質直者
則皆見我身　在此而說法　或時為此衆　說佛壽无量
久乃見佛者　為說佛難值　我智力如是　慧光照无量
壽命无數劫　久脩業所得　汝等有智者　勿於此生疑
當斷令永盡　佛語實不虛　如醫善方便　為治狂子故
實在而言死　无能說虛妄　我亦為世父　救諸苦患者
為凡夫顛倒　實在而言滅　以常見我故　而生憍恣心
放逸著五欲　墮於惡道中　我常知衆生　行道不行道
隨應所可度　為說種種法　每自作是意　以何令衆生
得入无上道　速成就佛身

爾時大會聞佛說壽命劫數長遠如是无量
无邊阿僧祇衆生得大饒益於特世尊告弥
勒菩薩摩訶薩阿逸多我說是如来壽命長
遠時六百八十万億那由他恒河沙衆生得无
生法忍復有千倍菩薩摩訶薩得聞持陁
羅尼門復有一世界微塵數菩薩摩訶薩得
樂說无㝵辯才復有一世界微塵數菩薩摩
訶薩得百万億无量旋陁羅尼復有三千大
千世界微塵數菩薩摩訶薩能轉不退法輪
復有三千中國土微塵數菩薩摩訶薩能轉
清淨法輪復有小千國土微塵數菩薩摩訶
薩八生當得阿耨多羅三藐三菩提復有四
天下微塵數菩薩摩訶薩四生當得阿耨
多羅三藐三菩提復有三四天下微塵數菩
薩摩訶薩三生當得阿耨多羅三藐三菩提

…數菩薩摩訶薩四生當得阿耨
多羅三藐三菩提復有三四天下微塵數菩
薩摩訶薩三生當得阿耨多羅三藐三菩提
復有二四天下微塵數菩薩摩訶薩二生當
得阿耨多羅三藐三菩提復有一四天下微
塵數菩薩摩訶薩一生當得阿耨多羅三藐
三菩提復有八世界微塵數衆生皆發阿耨
多羅三藐三菩提心佛說是諸菩薩摩訶薩
得大法利時於虛空中雨曼陁羅華摩訶曼
陁羅華以散无量百千万億寶樹下師子座
上諸佛并散七寶塔中師子座上釋迦牟尼
佛及久滅度多寶如來亦散一切諸大菩薩
及四部衆又雨細末栴檀沉水香等於虛空
中天鼓自鳴妙聲深遠又雨千種天衣垂諸

大會二佛上有諸菩薩執持幡蓋次第而
上至于梵天是諸菩薩以妙音聲歌无量頌
讚歎諸佛尒時彌勒菩薩從坐而起偏袒右
肩合掌向佛而說偈言
佛說希有法　昔所未曾聞　世尊有大力　壽命不可量
无數諸佛子　聞世尊分別　說得法利者　歡喜充遍身
或住不退地　或得陁羅尼　或无导樂說　万億旋摠持
或有大千界　微塵數菩薩　各各皆能轉　不退之法輪
復有中千界　微塵數菩薩　各各皆能轉　清淨之法輪
復有小千界　微塵數菩薩　餘各八生在　皆得成佛道
復有四三二　如是四天下　微塵等菩薩　隨數生成佛
或一四天下　微塵數菩薩　餘有一生在　當成一切智
如是等衆生　聞佛壽長遠　得无量无漏　清淨果報
復有八世界　微塵數衆生　聞佛說壽命　皆發无上心

BD00729　妙法蓮華經（八卷本）卷六

如是等衆生　聞佛壽長遠　得无量无漏　清淨之果報
復有八世界微塵數衆生　聞佛說壽命　皆發无上心
世尊說无量　不可思議法　多有所饒益　如虛空无邊
天雨曼陁羅　摩訶曼陁羅　釋梵如恒沙　无數佛土來
雨旃檀沉水　繽紛而亂墜　如鳥飛空下　供散於諸佛
天鼓虛空中　自然出妙聲　天衣千万種　旋轉而下來
衆寶妙香鑪　燒无價之香　自然悉周遍　供養諸世尊
其大菩薩衆　執七寶幡蓋　高妙萬億種　次苐至梵天
一一諸佛前　寶幢懸勝幡　亦以千万偈　歌詠諸如來
如是種種事　昔所未曾有　聞佛壽无量　一切皆歡喜
佛名聞十方　廣饒益衆生　一切具善根　以助无上心
尒時佛告弥勒菩薩摩訶薩　阿逸多　其有
衆生聞佛壽命長遠如是　乃至能生一念信解
所得功德无有限量　若有善男子善女人為

行五波羅蜜檀波羅蜜尸羅波羅蜜羼提
波羅蜜毗梨耶波羅蜜禪波羅蜜除般若波
羅蜜以是功德比前功德百分千分百千万億
分不及其一乃至筭數譬喻所不能知若善
男子有如是功德於阿耨多羅三藐三菩提退
者无有是處尒時世尊欲重宣此義而說偈
言
若人求佛慧　於八十万億　那由他劫數　行五波羅蜜
於是諸劫中　布施供養佛　及緣覺弟子　并諸菩薩衆
珍異之飲食　上服與卧具　栴檀立精舍　以園林莊嚴
如是等布施　種種皆微妙　盡此諸劫數　以迴向佛道
若復持禁戒　清淨无缺漏　求於无上道　諸佛之所歎
若復行忍辱　住於調柔地　設衆惡來加　其心不傾動
諸有得法者　懷於增上慢　爲此所輕惱　如是亦能忍
若復勤精進　志念常堅固　於无量億劫　一心不懈息

若復勤精進　志念常堅固　於无量億劫　一心不懈息
又於无量劫　住於空閑處　若坐若經行　除睡常攝心
以是因緣故　能生諸禪定　八十億万劫　安住心不亂
持此一心福　願求无上道　我得一切智　盡諸禪定際
是人於百千　万億劫數中　行此諸功德　如上之所說
有善男女等　聞我說壽命　乃至一念信　其福過於彼
若人悉无有　一切諸疑悔　深心須臾信　其福為如此
其有諸菩薩　无量劫行道　聞我說壽命　是則能信受
如是諸人等　頂受此經典　願我於未來　長壽度衆生
如今日世尊　諸釋中之王　道場師子吼　說法无所畏
我等未來世　一切所尊敬　坐於道場時　說壽亦如是
若有深心者　清淨而質直　多聞能惣持　隨義解佛語
如是諸人等　於此无有疑
又阿逸多若有聞佛壽命長遠解其言趣是

何況廣聞是經若教人聞若自持若教人持
若自書若教人書若以華香瓔珞幢幡繒蓋
香油蘇燈供養經卷是人功德无量无邊能
生一切種智阿逸多若善男子善女人聞我說
壽命長遠深心信解則為見佛常在耆闍
崛山共大菩薩諸聲聞衆圍遶說法又見此
娑婆世界其地琉璃坦然平政閻浮檀金以
界八道寶樹行列諸臺樓觀皆悉寶成其
菩薩衆咸處其中若有能如是觀者當知是
為深信解相又復如來滅後若聞是經而不毀
呰起隨喜心當知已為深信解相何況讀誦
受持之者斯人則為頂戴如來阿逸多是善
男子善女人不須為我復起塔寺及作僧
方以四事供養衆僧所以者何是善男子善女

坊以四事共養衆僧所以者是善男子善女
人受持讀誦是經典者為已起塔造立僧坊
供養衆僧則為以佛舍利起七寶塔高廣漸
小至于梵天懸諸幡蓋及衆寶鈴華香瓔珞
末香塗香燒香衆鼓伎樂簫笛箜篌種種儛
戲以妙音聲歌唄讚頌則為已於无量千万
億劫作是供養已阿逸多若我滅後聞是經
典有能受持若自書若教人書則為起立僧
坊以赤栴檀作諸殿堂三十有二高八多羅樹
高廣嚴好百千比丘於其中止園林流池經行
禪窟衣服飲食牀蓐湯藥一切樂具充滿其
其中如是僧坊堂閣若干百千万億其數无
量以此現前供養於我及比丘僧是故我說如

養衆僧況復有人能持是經兼行布施持
戒忍辱精進一心智慧其德冣勝无量无
邊辟如虛空東西南北四維上下无量无邊
是人功德亦復如是无量无邊疾至一切種智
若人讀誦受持是經為他人說若自書若
教人書復能起塔及造僧坊供養讚歎聲聞
衆僧亦以百千万億讚歎之法讚歎菩薩功
德又為他人種種因緣隨義解說此法華經復
能清淨持戒與柔和者而共同止忍辱无瞋
志念堅固常貴坐禪得諸深定精進勇猛
攝諸善法利根智慧善荅問難阿逸多若我
滅後諸善男子善女人受持讀誦是經典者
復有如是諸善功德當知是人已趣道場近
阿耨多羅三藐三菩提坐道樹下阿逸多是

復有如是諸善功德當知是人已趣道場近
阿耨多羅三藐三菩提坐道樹下阿逸多是
善男子善女人若坐若立若行處是中便應起塔一
切天人皆應供養如佛之塔尒時世尊欲重
宣此義而說偈言
若我滅度後　能奉持此經　斯人福无量　如上之所說
是則為具足　一切諸供養　以舍利起塔　七寶而莊嚴
表剎甚高廣　漸小至梵天　寶鈴千萬億　風動出妙音
又於无量劫　而供養此塔　華香諸瓔珞　天衣衆伎樂
然香油蘇燈　周匝常照明
惡世末法時　能持是經者　則為已如上　具足諸供養
若能持此經　則如佛現在　以牛頭栴檀　起僧坊供養
堂有三十二　高八多羅樹　上饌妙衣服　牀臥皆具足
百千衆住處　園林諸浴池　經行及禪窟　種種皆嚴好

舌不乾黑短 鼻高修且直 額廣而平正 面目悉端嚴
為人所喜見 口氣无臭穢 優鉢華之香 常從其口出
若故詣僧房 欲聽法華經 須臾聞歡喜 今當說其福
後生天人中 得好象馬車 珍寶之輦輿 及乘天宮殿
若於講法處 勸人坐聽經 是福因緣得 釋梵轉輪王
何況一心聽 解說其義趣 如說而脩行 其福不可限

妙法蓮華經法師功德品第十九

尒時佛告常精進菩薩摩訶薩 若善男子善
女人受持是法華經 若讀若誦若解說若書
寫是人當得八百眼功德 千二百耳功德 八百
鼻功德 千二百舌功德 八百身功德 千二
百意功德 以是功德莊嚴六根 皆令清淨 是
善男子善女人父母所生清淨肉眼 見於三千
大千世界內外所有山林河海 下至阿鼻地
獄 上至有頂 亦見其中一切衆生 及業因緣

BD00729　妙法蓮華經（八卷本）卷六

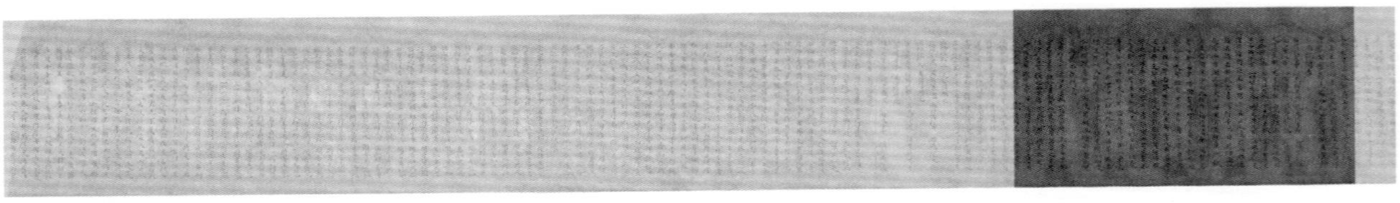

大千世界內外所有山林河海下至阿鼻地
獄上至有頂亦見其中一切衆生及業因緣
果報生處悉見悉知尒時世尊欲重宣此
義而說偈言

若於大衆中　以无所畏心　說是法華經　汝聽其功德
是人得八百　功德殊勝眼　以是莊嚴故　其目甚清淨
父母所生眼　悉見三千界　內外弥樓山　須弥及鐵圍
并餘諸山林　大海江河水　下至阿鼻獄　上至有頂天
其中諸衆生　一切皆悉見　雖未得天眼　肉眼力如是

復次常精進若善男子善女人受持此經若
讀若誦若解說若書寫得千二百耳功德以
是清淨耳聞三千大千世界下至阿鼻地獄
上至有頂其中內外種種語言音聲象聲馬

聲鈴聲笑聲語聲

法聲非法聲苦聲樂聲凡夫聲聖人聲喜聲
不喜聲天聲龍聲夜叉聲乾闥婆聲阿脩羅
聲迦樓羅聲緊那羅聲摩睺羅伽聲火聲水
聲風聲地獄聲畜生聲餓鬼聲比丘聲比丘
尼聲聲聞聲辟支佛聲菩薩聲佛聲以要言
之三千大千世界中一切内外所有諸聲雖未
得天耳以父母所生清淨常耳皆悉聞知如是
分別種種音聲而不壞耳根尒時世尊欲重
宣此義而說偈言
父母所生耳　清淨无濁穢　以此常耳聞　三千世界聲
象馬車牛聲　鍾鈴螺鼓聲　琴瑟箜篌聲　簫笛之音聲
清淨好歌聲　聽之而不著　无數種人聲　聞悉能解了
又聞諸天聲　微妙之歌音　及聞男女聲　童子童女聲
山川嶮谷中　迦陵頻伽聲　命命等諸鳥　悉聞其音聲

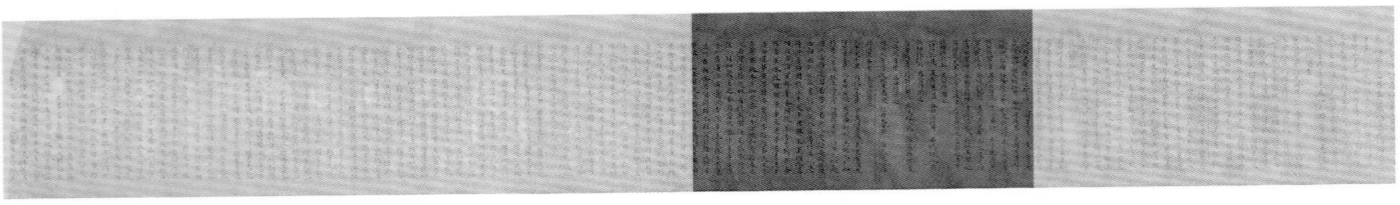

又聞諸天聲　微妙之歌音　及聞男女聲　童子童女聲
山川險谷中　迦陵頻伽聲　命命等諸鳥　悉聞其音聲
地獄衆苦痛　種種楚毒聲　餓鬼飢渴逼　求索飲食聲
諸阿脩羅等　居在大海邊　自共言語時　出于大音聲
如是說法者　安住於此間　遥聞是衆聲　而不壞耳根
十方世界中　禽獸鳴相呼　其說法之人　於此悉聞之
其諸梵天上　光音及遍淨　乃至有頂天　言語之音聲
法師住於此　悉皆得聞之
一切比丘衆　及諸比丘尼　若讀誦經典　若為他人說
法師住於此　悉皆得聞之
復有諸菩薩　讀誦於經法　若為他人說　撰集解其義
如是諸音聲　悉皆得聞之
諸佛大聖尊　教化生者衆　於諸大會中　演說微妙法

皆聞其音聲　而不壞耳根　其耳聰利故　悉能分別知
持是法華者　雖未得天耳　但用所生耳　功德已如是
復次常精進若善男子善女人受持是經若讀
若誦若解說若書寫成就八百鼻功德以是
清淨鼻根聞於三千大千世界上下內外種
種諸香須曼那華香闍提華香末利華香
瞻蔔華香波羅羅華香赤蓮華香青蓮華
香白蓮華香華樹香菓樹香栴檀香沉水香
多摩羅跋香多伽羅香及千万種和香若末
丸若塗香持是經者於此間住悉能分別又
復分別知衆生之香象香馬香牛羊等香男
香女香童子香童女香及草木叢林香若近若
遠所有諸香悉皆得聞分別不錯持是經者
雖住於此亦聞天上諸天之香波利質多羅拘

遠所有諸香悉皆得聞分別不錯持是經者
雖住於此亦聞天上諸天之香波利質多羅拘
鞞陀羅樹香及曼陀羅華香摩訶曼陀羅
華香曼殊沙華香摩訶曼殊沙華香栴檀
沈水種種末香諸華香如是等天香和合所
出之香无不聞知又聞諸天身香釋提桓因
在勝殿上五欲娛樂嬉戲時香若在妙法堂
上為忉利諸天說法時香若於諸園遊戲時
香及餘天等男女身香皆悉遙聞如是展轉
乃至梵世上至有頂諸天身香亦皆聞之并
聞諸天所燒之香及聲聞香辟支佛香菩薩
香諸佛身香亦皆遙聞知其所在雖聞此香
然於鼻根不壞不錯若欲分別為他人說憶念
不謬爾時世尊欲重宣此義而說偈言

須曼那闍提　多摩羅栴檀　沈水及桂香　種種華果香
及知衆生香　男子女人香　說法者遠住　聞香知所在
大勢轉輪王　小轉輪及子　群臣諸宮人　聞香知所在
身所著寶衣　及地中伏藏　轉輪王寶女　聞香知所在
諸人嚴身具　衣服及瓔珞　種種所塗香　聞則知其身
諸天若行坐　遊戲及神變　持是法華者　聞香悉能知
諸樹華果實　及蘇油香氣　持經者住此　悉知其所在
諸山深險處　栴檀樹華敷　衆生在中者　聞香皆能知
鐵圍山大海　地中諸衆生　持經者聞香　悉知其所在
阿脩羅男女　及其諸眷屬　鬪諍遊戲時　聞香皆能知
曠野險隘處　師子象虎狼　野牛水牛等　聞香知所在
若有懷妊者　未辯其男女　无根及非人　聞香悉能知
以聞香力故　知其初懷妊　成就不成就　安樂產福子
以聞香力故　知男女所念　染欲癡恚心　亦知脩善者

若有懷妊者　未辯其男女　无根及非人　聞香悉能知
以聞香力故　知其初懷妊　成就不成就　安樂產福子
以聞香力故　知男女所念　染欲瞋恚心　亦知脩善者
地中衆伏藏　金銀諸珍寶　銅器之所成　聞香悉能知
種種諸瓔珞　无能識其價　聞香知貴賤　出處及所在
天上諸華等　曼陀曼殊沙　波利質多樹　聞香悉能知
天園林勝殿　諸觀妙法堂　在中而娛樂　聞香悉能知
諸天若聽法　或受五欲時　來往行坐卧　聞香悉能知
天女所著衣　好華香莊嚴　周旋遊戲時　聞香悉能知
如是展轉上　乃至於梵世　入禪出禪者　聞香悉能知
光音遍淨天　乃至于有頂　初生及退沒　聞香悉能知
諸比丘衆等　於法常精進　若坐若經行　及讀誦經法
或在林樹下　專精而坐禪　持經者聞香　悉知其所在
菩薩志堅固　坐禪若讀經　或為人說法　聞香悉能知

衆生在佛前　聞經皆歡喜　如法而修行　聞香悉能知
雖未得菩薩　无漏法生鼻　而是持經者　先得此鼻相
復次常精進　若善男子善女人受持是經　若
讀若誦若解說若書寫　得千二百舌功德　若
好若醜若美不美及諸苦澀物在其舌根皆
變成上味如天甘露无不美者　若以舌根於
大衆中有所演說　出深妙聲能入其心皆令
歡喜快樂　又諸天子天女釋梵諸天聞是深
妙音聲有所演說言論次第皆悉來聽　及諸
龍龍女夜叉夜叉女乾闥婆乾闥婆女阿脩羅
阿脩羅女迦樓羅迦樓羅女緊那羅緊那
羅女摩睺羅伽摩睺羅伽女為聽法故皆來
親近恭敬供養　及比丘比丘尼優婆塞優婆
夷國王王子群臣眷屬小轉輪王大轉輪王

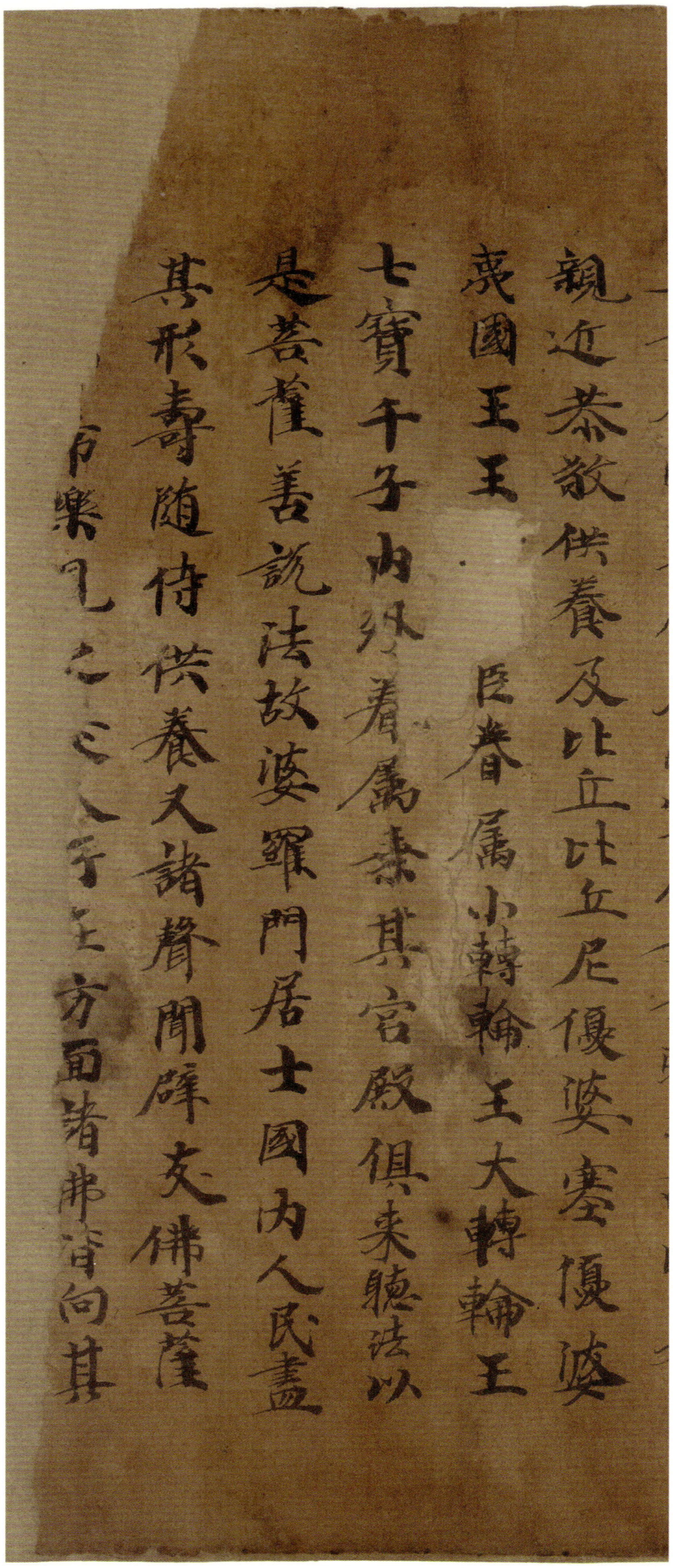

親近恭敬供養及比丘比丘尼優婆塞優婆
夷國王王子臣眷屬小轉輪王大轉輪王
七寶千子內外眷屬乘其宮殿俱來聽法以
是菩薩善說法故婆羅門居士國內人民盡
其形壽隨侍供養又諸聲聞辟支佛菩薩
亦樂見之ゝ人所在方面諸佛皆向其

BD00730 大般若波羅蜜多經卷三五六

（唐）玄奘 譯

140cm × 25.8cm

來現在諸佛如八解脫不可得故護念是菩
薩摩訶薩如八勝處九次第定十遍處不可
得故護念是菩薩摩訶薩善現過去未來現
在諸佛如四念住不可得故護念是菩薩摩
訶薩如四正斷四神足五根五力七等覺支
八聖道支不可得故護念是菩薩摩訶薩善
現過去未來現在諸佛如空解脫門不可得
故護念是菩薩摩訶薩如无相无願解脫門
不可得故護念是菩薩摩訶薩善現過去未
來現在諸佛如五眼不可得故護念是菩薩
摩訶薩如六神通不可得故護念是菩薩摩
訶薩善現過去未來現在諸佛如佛十力不
可得故護念是菩薩摩訶薩如四无所畏四

来現在諸佛如无忘失法不可得故護念是菩
薩摩訶薩如恒住捨性不可得故護念是
菩薩摩訶薩善現過去未来現在諸佛如一
切智不可得故護念是菩薩摩訶薩如道相
智一切相智不可得故護念是菩薩摩訶薩
善現過去未来現在諸佛如一切陁羅尼門
不可得故護念是菩薩摩訶薩如一切三摩
地門不可得故護念是菩薩摩訶薩善現過
去未来現在諸佛如預流果不可得故護念
是菩薩摩訶薩如一来不還阿羅漢果不可
得故護念是菩薩摩訶薩善現過去未来現
在諸佛如獨覺菩提不可得故護念是菩薩
摩訶薩善現過去未来現在諸佛如一切菩
薩摩訶薩行不可得故護念是菩薩摩訶薩

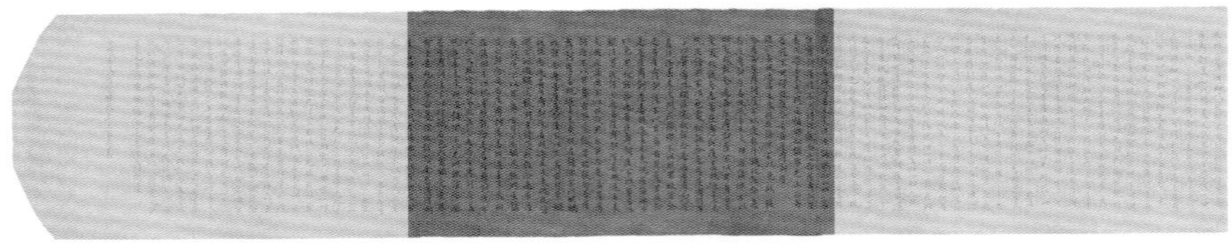

摩訶薩善現過去未來現在諸佛如一切菩
薩摩訶薩行不可得故護念是菩薩摩訶薩
善現過去未來現在諸佛如諸佛无上正等
菩提不可得故護念是菩薩摩訶薩
復次善現過去未來現在諸佛不以色故護
念是菩薩摩訶薩不以受想行識故護念是
菩薩摩訶薩善現過去未來現在諸佛不以
眼處故護念是菩薩摩訶薩不以耳鼻舌身
意處故護念是菩薩摩訶薩善現過去未來
現在諸佛不以色處故護念是菩薩摩訶薩
不以聲香味觸法處故護念是菩薩摩訶薩
善現過去未來現在諸佛不以眼界故護念
是菩薩摩訶薩不以耳鼻舌身意界護念
是菩薩摩訶薩善現過去未來現在諸佛不

來現在諸佛不以眼識界故護念是菩薩摩
訶薩不以耳鼻舌身意識界故護念菩薩
摩訶薩善現過去未來現在諸佛不以眼觸
故護念是菩薩摩訶薩不以耳鼻舌身意觸
故護念是菩薩摩訶薩善現過去未來現在諸
佛不以眼觸爲緣所生諸受故護念是菩薩
摩訶薩不以耳鼻舌身意觸爲緣所生諸
受故護念是菩薩摩訶薩善現過去未來現
在諸佛不以地界故護念是菩薩摩訶薩不
以水火風空識界故護念是菩薩摩訶薩善
現過去未來現在諸佛不以无明故護念是
菩薩摩訶薩不以行識名色六處觸受愛取
有生老死愁歎苦憂惱故護念是菩薩摩訶
薩善現過去未來現在諸佛不以布施波羅

有生老死愁歎苦憂惱故護念是菩薩摩訶
薩善現過去未來現在諸佛不以布施波羅
蜜多故護念是菩薩摩訶薩不以淨戒安忍
精進靜慮般若波羅蜜多故護念是菩薩摩
訶薩善現過去未來現在諸佛不以内空故護
念是菩薩摩訶薩不以外空内外空空空
大空勝義空有為空无為空畢竟空无際空
散空无變異空本性空自相空共相空一切
法空不可得空无性空自性空无性自性空
故護念是菩薩摩訶薩善現過去未來現在
諸佛不以真如故護念是菩薩摩訶薩不以
法界法性不虚妄性不變異性平等性離生
性法定法住實際虚空界不思議界故護念
是菩薩摩訶薩善現過去未來現在諸佛不

来現在諸佛不以四靜慮故護念是菩薩摩
訶薩不以四无量四无色定故護念是菩薩
摩訶薩善現過去未来現在諸佛不以八解
脫故護念是菩薩摩訶薩不以八勝處九次
第定十遍處故護念是菩薩摩訶薩

大般若波羅蜜經卷第三百五十六

BD00731 維摩詰所説經卷中

（後秦）鳩摩羅什 譯

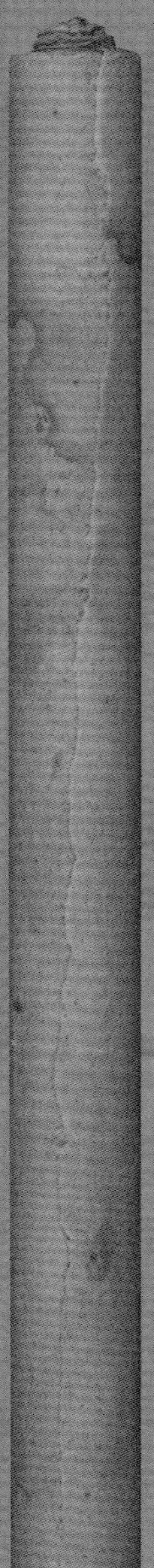

101cm×26cm

以著何法无戲論若言我當見苦斷集證滅
脩道是則戲論非求法也唯舍利弗法名寂
滅若行生滅是求生滅非求法也法名无染若
染於法乃至涅槃是則染著非求法也法
无行處若行於法是則行處非求法也法无
取捨若取捨法是則取舍非求法也法无處
所若著處所是則著處非求法也法名无相
若隨相識是則求相非求法也法不可住若
住於法是則住法非求法也法不可見聞覺知
若行見聞覺知是則見聞覺知非求法也
法名无爲若行有爲是求有爲非求法也是
故舍利弗若求法者於一切法應无所求説

[illegible]
萬億阿僧祇國何等佛土有好上妙功德成
就師子之座文殊師利言居士東方度卅六
恒河沙國有世界名須弥相其佛号須弥燈
王今現在彼佛身長八萬四千由旬其師子
座高八萬四千由旬嚴飾第一於是長者維
摩詰現神通力即時彼佛遣三萬二千師子之
座高廣嚴淨来入維摩詰室諸菩薩大弟子
釋梵四天王等昔所未見其室廣博悉皆苞
容三萬二千師子座无所妨礙於是毗耶離城
及閻浮提四天下亦不迫迮悉見如故尒時
維摩詰語文殊師利就師子座與諸菩薩上
人俱坐當自立身如彼坐像其得神通菩
薩即自變形為四萬二千由旬坐師子座諸新

薩即自變形為四萬二千由旬坐師子座諸新
發意菩薩及大弟子皆不能昇尒時維摩詰語
舍利弗就師子座舍利弗言居士此座高廣
吾不能昇維摩詰言唯舍利弗為須弥燈王
如来作礼乃可得坐於是新發意菩薩及大
弟子即為須弥燈王如来作礼便得坐師子
座舍利弗言居士未曾有也如是小室乃容受
此高廣之座於毗耶離城无所妨礙又於閻
浮提聚落城邑及四天下諸天龍王鬼神
宮殿亦不迫迮維摩詰言唯舍利弗諸佛菩
薩有解脫名不可思議若菩薩住是解脫者
以須弥之高廣內芥子中无所增減須弥山
王本相如故而四天王忉利諸天不覺不知己

孔不嬈魚鼈黿鼉水性之属而彼大海本
相如故諸龍鬼神阿脩羅等不覺不知己之
所入於此衆生亦无所嬈又舍利弗住不可
思議解脱菩薩斷取三千大千世界如陶家
輪着右掌中擲過恒河沙世界之外其中衆
生不覺不知己之所往又復還置本處都不
使人有往来想而此世界本相如故又舍利
弗或有衆生樂久住世而可度者菩薩即演
七日以為一劫令彼衆生謂之一劫或有衆生
不樂久住而可度者菩薩即促一劫以為
七日令彼衆生謂之七日又舍利弗住不可
思議解脱菩薩以一切佛土嚴飾之事集在
一国示於衆生又菩薩以一佛土衆生置之

一国亦於衆生又菩薩以一佛土衆生置之
右掌飛到十方遍示一切而不動本處又舍
利弗十方衆生供養諸佛之具菩薩於一毛
孔皆令得見又十方國土所有日月星宿於
一毛孔普使見之又舍利弗十方世界所有諸

BD00732 妙法蓮華經卷五

（後秦）鳩摩羅什 譯

49.1cm × 25.7cm

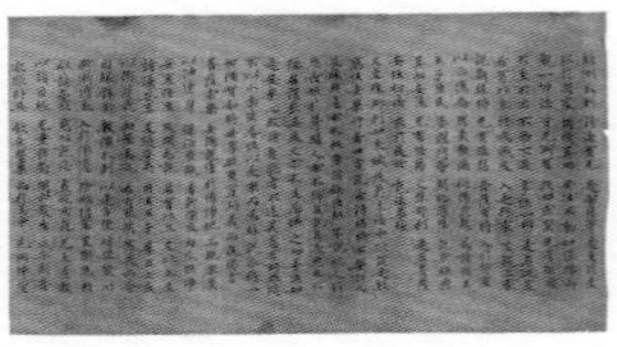

顛倒分別 諸法有无 是實非實 是生非生
在於閑處 脩攝其心 安住不動 如須弥山
觀一切法 皆无所有 猶如虛空 无有堅固
不生不出 不動不退 常住一相 是名近處
若有比丘 於我滅後 入是行處 及親近處
說斯經時 无有怯弱 菩薩有時 入於静室
以正憶念 隨義觀法 從禪定起 為諸國王
王子臣民 婆羅門等 開化演暢 說斯經典
其心安隱 无有怯弱 文殊師利 是名菩薩
安住初法 能於後世 說法華經
又文殊師利 如來滅後 於末法中 欲說是經
應住安樂行 若口宣說 若讀經時 不樂說人
及經典過 亦不輕慢 諸餘法師 不說他人好

是安樂心故諸有聽者不逆其意有所難問
不以小乘法荅但以大乘而為解說令得一
切種智尒時世尊欲重宣此義而說偈言
菩薩常樂　安隱說法　於清淨地　而施床座
以油塗身　澡浴塵穢　著新淨衣　內外俱淨
安處法座　隨問為說　若有比丘　及比丘尼
諸優婆塞　及優婆夷　國王王子　羣臣士民
以微妙義　和顏為說　若有難問　隨義而荅
因緣譬喻　敷演分別　以是方便　皆使發心
漸漸增益　入於佛道　除嬾惰意　及懈怠想
離諸憂惱　慈心說法　晝夜常說　无上道教
以諸因緣　无量譬喻　開示衆生　咸令歡喜
衣服臥具　飲食醫藥　而於其中　无所悕望

BD00733 維摩詰所說經卷中

（後秦）鳩摩羅什 譯

90.5cm × 26cm

貪欲瞋恚邪見等諸煩惱而殖衆德本迴向
阿耨多羅三藐三菩提是名有慧方便解文
殊師利彼有疾菩薩應如是觀諸法又復觀
身无常苦空非我是名爲慧雖身有疾常
在生死饒益一切而不厭惓是名方便又復觀
身身不離病病不離身是病是身非新非故
是名爲慧設身有疾而不永滅是名方便文
殊師利有疾菩薩應如是調伏其心不住其
中亦復不住不調伏心所以者何若住不調伏心
是愚人法若住調伏心是聲聞法是故菩薩
不當住於調伏不調伏心離此二法是菩薩
行在於生死不爲汙行住於涅槃不永滅

（2–1）

降伏衆魔是菩薩行求一切智无非時求是
菩薩行雖觀諸法不生不滅而不入正位是
菩薩行雖觀十二緣起而入諸邪見是菩薩行
雖攝一切衆生而不愛著是菩薩行雖樂遠離
而不依身心盡是菩薩行雖行三界而不壞
法性是菩薩行雖行於空而殖衆德本是菩
薩行雖行无相而度衆生是菩薩行雖行无
作而現受身是菩薩行雖行无起而起一切
善行是菩薩行雖行六波羅蜜而遍知衆生
心心數法是菩薩行雖行六通而不盡漏是
菩薩行雖行四无量心而不貪著生於梵世
是菩薩行雖行禪定解脫三昧而不起隨
禪生是菩薩行雖行四念處而不永離身受心

禪生是菩薩行雖行四念處而不永離身受心
法是菩薩行雖行四正勤而不捨身心精進是
菩薩行雖行四如意足而得自在神通是菩
薩行雖行五根而分別衆生諸根利鈍是菩
薩行雖行五力而樂求佛十力是菩薩行雖
行七覺分而分別佛之智慧是菩薩行雖行
八正道而樂行无量佛道是菩薩行雖行止
觀助道之法而不畢竟墮於寂滅是菩薩行
雖行諸法不生不滅而以相好莊嚴其身是
菩薩行雖現聲聞辟支佛威儀而不捨佛法
是菩薩行雖隨諸法究竟淨相而隨所應為
現其身是菩薩行雖觀諸佛國土永寂如空
而現種種清淨佛土是菩薩行雖得佛道轉

薩行說是語時文殊師利所將大衆其中八
千天子皆發阿耨多羅三藐三菩提心

不思議品第六

尒時舍利弗見此室中无有林坐作是念斯
諸菩薩大弟子衆當於何坐長者維摩詰知
其意語舍利弗言云何仁者為法來耶求林
坐耶舍利弗言我為法來非為林坐維摩詰
言唯舍利弗夫求法者不貪軀命何况林坐
夫求法者非有色受想行識之求非有界入
之求非有欲色无色之求唯舍利弗夫求法者
不著佛求不著法求不著衆求夫求法者
无見苦求无斷集求无造盡證脩道之求所

BD00734 大般若波羅蜜多經卷七六

（唐）玄奘 譯

113.2cm × 25.7cm

舍利子五明非有故當知作意亦非有六神
通非有故當知作意亦非有五眼無實故當
知作意亦無實六神通無實故當知作意亦
無實五眼無自性故當知作意亦無自性六
神通無自性故當知作意亦無自性五眼空
故當知作意亦空六神通空故當知作意亦
空五眼遠離故當知作意亦遠離六神通遠
離故當知作意亦遠離五眼寂靜故當知作
意亦寂靜六神通寂靜故當知作意亦寂靜
五眼無覺知故當知作意亦無覺知六神通
無覺知故當知作意亦無覺知
舍利子佛十力非有故當知作意亦非有四
無所畏四無礙解大慈大悲大喜大捨十八

無實故當知作意亦無實四無所畏乃至十
八佛不共法無實故當知作意亦無實佛十
力無自性故當知作意亦無自性四無所畏
乃至十八佛不共法無自性故當知作意亦
無自性佛十力空故當知作意亦空四無所
畏乃至十八佛不共法空故當知作意亦空
佛十力遠離故當知作意亦遠離四無所畏
乃至十八佛不共法遠離故當知作意亦遠
離佛十力寂靜故當知作意亦寂靜四無所
畏乃至十八佛不共法寂靜故當知作意亦
寂靜佛十力無覺知故當知作意亦無覺知
四無所畏乃至十八佛不共法無覺知故當
知作意亦無覺知
舍利子無忘失法非有故當知作意亦非有
恒住捨性非有故當知作意亦非有無忘失

BD00734　大般若波羅蜜多經卷七六

知作意亦無覺知
舍利子無忘失法非有故當知作意亦非有
恒住捨性非有故當知作意亦非有無忘失
法無實故當知作意亦無實恒住捨性無實
故當知作意亦無實無忘失法無自性故當
知作意亦無自性恒住捨性無自性故當知
作意亦無自性無忘失法空故當知作意亦
空恒住捨性空故當知作意亦空無忘失法
遠離故當知作意亦遠離恒住捨性遠離故
當知作意亦遠離無忘失法寂靜故當知作
意亦寂靜恒住捨性寂靜故當知作意亦寂
靜無忘失法無覺知故當知作意亦無覺知
恒住捨性無覺知故當知作意亦無覺知
舍利子一切陀羅尼門非有故當知作意亦
非有一切三摩地門非有故當知作意亦非

一切三摩地門無實故當知作意亦無實一
切陁羅尼門無自性故當知作意亦無自性
一切三摩地門無自性故當知作意亦無自
性一切陁羅尼門空故當知作意亦空一切
三摩地門空故當知作意亦空一切陁羅尼
門遠離故當知作意亦遠離一切三摩地門
遠離故當知作意亦遠離一切陁羅尼門寂
静故當知作意亦寂静一切三摩地門寂静
故當知作意亦寂静一切陁羅尼門無覺知
故當知作意亦無覺知一切三摩地門無覺
知故當知作意亦無覺知
舍利子一切智非有故當知作意亦非有道
相智一切相智非有故當知作意亦非有一
切智無實故當知作意亦無實道相智一切

相智一切相智非有故當知作意亦非有一
切智無實故當知作意亦無實道相智一切
相智無實故當知作意亦無實一切智無自
性故當知作意亦無自性道相智一切相智
無自性故當知作意亦無自性一切智空故
當知作意亦空道相智一切相智空故當知
作意亦空一切智遠離故當知作意亦遠離
道相智一切相智遠離故當知作意亦遠離
一切智寂靜故當知作意亦寂靜道相智一
切相智寂靜故當知作意亦寂靜一切智無
覺知故當知作意亦無覺知道相智一切相
智無覺知故當知作意亦無覺知
舍利子聲聞菩提非有故當知作意亦非有
獨覺菩提無上菩

BD00735 金光明最勝王經卷三

（唐）義净 譯

326cm × 26cm

功德四者所有一切功德善
根悉皆迴向阿耨多羅三藐三菩提尒時天
帝釋白佛言世尊世間所有男子女人於
大乘行有能行者有不行者云何能得隨
喜一切衆生功德善根佛言善男子若有
衆生雖於大乘未能修習然於晝夜六時偏
袒右肩右膝著地合掌恭敬一心專念作
隨喜時得福无量應作是言十方世界一切
衆生現在修行施戒心慧我今皆悉深生隨
喜由作如是隨喜福故必當獲得尊重殊勝
无上无等最妙之果如是過去未來一切衆生
所有善根皆悉隨喜又於現在初行菩薩

一切功德之蘊皆悉至心隨喜讚歎過去未
來一切菩薩所有功德隨喜讚歎亦復如是
復於現在十方世界一切諸佛應正遍知證妙
菩提為度无邊諸衆生故轉无上法輪 行
无礙法施擊法鼓吹法螺建法幢雨法雨哀
愍勸化一切衆生咸令信受皆蒙法施悉得
充足无盡安樂又復所有菩薩聲聞獨覺
功德積集善根若有衆生未具如是諸功
德者悉令具足我皆隨喜如是過去未來諸
佛菩薩聲聞獨覺所有功德亦皆至心隨喜
讚歎善男子如是隨喜當得无量功德之聚
如恒河沙三千大千世界所有衆生皆斷煩
惱成阿羅漢若有善男子善女人盡其形

BD00735　金光明最勝王經卷三

丗成阿羅漢若有善男子善女人盡其形
壽常以上妙衣服飲食卧具醫藥而為供養
如是功德不及如前隨喜功德千分之一何以故
供養功德有數有量不攝一切諸功德故隨
喜功德无量无數能攝三世一切功德是故
若人欲求增長勝善根者應脩如是隨喜功
德若有女人願轉女身為男子者亦應脩習
隨喜功德必得隨心現成男子尒時天帝釋
白佛言世尊已知隨喜功德勸請功德唯願為
說欲令未來一切菩薩當轉法輪現在菩薩正
脩行故佛告帝釋若有善男子善女人願求
阿耨多羅三藐三菩提者應當脩行聲聞
獨覺大乘之道是人當於晝夜六時如前威
儀一心[illegible]

輪欲捨報身入涅盤者我皆至誠頂礼勸
請轉大法輪雨大法雨燃大法燈照明理趣施无
礙法莫般涅槃久住於世度脫安樂一切衆
生如前所說乃至无盡安樂我今以此勸請
功德迴向阿耨多羅三藐三菩提如過去未
來現在諸大菩薩勸請功德迴向菩提我
亦如是勸請功德迴向无上正等菩提善男
子假使有人以三千大千世界滿中七寶供養如
來若復有人勸請如來轉大法輪所得功德
其福勝彼何以故彼是財施此是法施善
男子且置三千大千世界七寶布施若人以
滿恒河沙數大千世界七寶供養一切諸佛
勸請功德亦勝於彼由其法施有五勝利云

BD00735　金光明最勝王經卷三

勸請功德亦勝於彼由其法施有五勝利云
何為五一者法施兼利自他財施不尒二者
法施能令衆生出於三界財施之福不出欲
界三者法施能淨法身財施但唯增長於色
四者法施无窮財施有盡五者法施能斷无
明財施唯伏貪愛是故善男子勸請功德
无量无邊難可譬喻如我昔菩薩道時勸請
諸佛轉大法轉由彼善根是故今日一切帝
釋諸梵王等勸請於我轉大法轉 善男子
請轉法輪為欲度脫安樂諸衆生故我 於
往昔為菩提行勸請如來久住於世莫般
涅槃依此善根我得十力四无所畏四无礙
辯大慈大悲證得无數不共之法我當入於
无餘涅槃[illegible]

功德難可思議一切衆生皆蒙利益百千万
說不能盡法身攝藏一切諸法一切諸法不攝
法身法身常住不墮常見雖復斷滅亦非
斷見能破衆生種種異見能生衆生種種真
見能解一切衆生之縛无縛可解能值衆生
諸善根本未成熟者令成熟已成熟者令解
脫无作无動遠離闠閙寂靜无爲自在安樂
過於三世能現三世出於聲聞獨覺之境諸
大菩薩之所脩行一切如來體无有異此等皆
由勸請功德善根力故如是法身我今已得
是故若有欲得阿耨多羅三藐三菩提者於
諸經中一句一頌爲人解說功德善根尚無
限量何況勸請如來轉大法輪久住於世

限量何况勸請如来轉大法輪久住於世
莫般涅槃
時天帝釋復白佛言世尊善男子善女人
為求阿耨多羅三藐三菩提故脩三乘道所
有善根云何迴向一切智佛告天帝善男子
若有衆生欲求菩提脩三乘道所有善根
願迴向者當於晝夜六時嚴重至心作如是
說我從无始生死以求於三寶所脩行成就
所有善根乃至施與傍生一摶之食或以善
言我和解諍訟或受三歸及諸學處復懺悔
勸請隨喜行有善根我今作意悉皆攝取
迴施一切衆生无悔恡心是解脫分善根所
攝如佛世尊之所知見不可稱量无礙清淨如是

衆生願皆獲得如意之手擊空出寶　滿
衆生願冨樂无盡智慧无窮妙法辯才悉
皆无滯共諸衆生同證阿耨多羅三藐三
菩提得一切智因此善根更復出生无量善
法亦皆迴向无上菩提又如過去諸大菩薩修
行之時功德善根悉皆迴向一切種智現在
未來亦復如是我所有功德善根亦皆迴
向阿耨多羅三藐三菩提是諸善根願共一
切衆生俱成正覺如餘諸佛坐於道場菩
提樹下不可思議無礙清淨住於无盡法藏
陀羅尼首楞嚴定破魔波旬无量兵衆應
見覺知應可通達如是一切一刹那中悉皆
證了於後夜中獲甘露法證甘露義我及衆

BD00735　金光明最勝王經卷三

照了於後夜中獲甘露法證甘露義我及衆
生願皆同證如是妙覺猶如
无量壽佛　勝光佛　妙光佛　阿閦佛
功德善光佛　師子光明佛　百光明佛　網光明佛
寶相佛　寶炎佛　錠明佛　錠威光明佛
吉祥上王佛　微妙聲佛　妙莊嚴佛　法幢佛
上勝身佛　可愛色身佛　光明遍照佛　梵淨王佛
上性佛
如是等如來應正遍知過去未來及以現在
示現應化得阿耨多羅三藐三菩提轉无上
法輪為度衆生我亦如是廣說如上
善男子善女人於此金光明
最勝經王滅業障品受持讀誦憶念不忘為他

已成獨覺道若有男子女人盡其形壽恭敬
尊重四事供養一一獨覺各施七寶如須弥
山此諸獨覺入涅槃後皆以珎寶起塔供養其
塔高廣十二踰繕那以諸花香寶幢旛蓋常
為供養善男子於意云何是人所獲功德寧
為多不天帝釋言甚多世尊善男子若復
有人於此金光明微妙經典衆經之王滅業障
品受持讀誦憶念不忘為他廣説所獲功德
於前所説供養功德百分不及一百千万億分
及至校量譬喻所不能及何以故是善男子
善女人住正行中勸請十方一切諸佛轉无上
法輪皆為諸佛歡喜讚歎善男子如我所説
一切施中法施為勝是故善男子於三寶所

一切施中法施爲勝是故善男子於三寶所
設諸供養不可爲比勸受三歸持一切戒无
有毁犯三業不空不可爲比一切世界一切衆
生隨力隨能隨所願樂於三乘中勸發菩提
心不可爲比　於三世中一切世界所有衆生皆
得无礙速令成就无量功德不可爲比三世刹
土一切衆生令无障礙得三菩提不可爲比
三世刹土一切衆生勸令速出四惡道苦不
可爲比三世刹土一切衆生勸令除滅極重
惡業不可爲比一切苦惱解脱不可爲比一
切怖畏苦惱逼切皆令得解不可爲比三世
佛前一切衆生所有功德勸令隨喜發菩提
願不可爲比勸除惡行罵辱之業一切功德

爲比是故當知勸請一切世界三寶勸請滿足
六波羅蜜勸請轉於无上法輪勸請住世經
无量劫演說无量甚深妙法功德甚深无能
比者
尒時天帝釋及恒河女神无量梵王四大天衆
從座而起偏袒右肩右膝著地合掌頂礼白
佛言世尊我等皆得聞是金光明最勝王經
今悉受持讀誦通利爲他廣說依此法住何
以故世尊我等欲求阿耨多羅三藐三菩
提隨順此義種種勝相如法行故尒時梵王
及天帝釋等於說法處皆以種種曼陁羅花
而散佛上三千大千世界地皆大動一切天鼓
及諸音樂不鼓自鳴放金色光遍世界出妙

BD00735　金光明最勝王經卷三

及諸音樂不鼓自鳴放金色光遍世界出妙
音聲時天帝釋白佛言世尊此等皆是金
光明經威神之力慈悲普救種種利益種種
增長菩薩善根滅諸業障佛言如是如是
如汝所說何以故善男子我念往昔過无量百
千阿僧祇劫有佛名寶王大光照如來應正
遍知出現於世住世六百八十億劫尒時寶
王大光照如來為欲度脫人天釋梵沙門婆
羅門一切衆生令安樂故當出現時初會
說法度百千億億万衆皆得阿羅漢果諸漏
已盡三明六通自在无㝵於第二會復度九
十千億億万衆皆得阿羅漢果諸漏已盡三
明六通自在无㝵於第三會復度九十八千千

第三會親近世尊受持讀誦是金光明經為
他廣說求阿耨多羅三藐三菩提故時彼世
尊為我授記福寶光明女於未來世當得作
佛号釋迦牟尼如來應正遍知明行足善
逝世間解无上士調御丈夫天人師佛世尊
捨女人身後從是以來越四惡道生人天中受
上妙樂八十四百千生作轉輪王至于今日得成
正覺名稱普聞遍滿世界時會大衆忽然皆
見寶王大光照如來轉无上法輪說微妙法善
男子去此索訶世界東方過百千恒河沙數
佛土有世界名寶莊嚴其寶王大光照如來
今現在□□般涅槃說微妙法廣化羣生汝

BD00735　金光明最勝王經卷三

BD00736 大般若波羅蜜多經卷七六

（唐）玄奘 譯

71.4cm×25.8cm

菩提非有故當知作意亦非
有聲聞菩提無實故當知作意亦無實獨
覺菩提無上菩提無實故當知作意亦無實聲
聞菩提無自性故當知作意亦無自性獨覺
菩提無上菩提無自性故當知作意亦無自
性聲聞菩提空故當知作意亦空獨覺菩提
無上菩提空故當知作意亦空聲聞菩提遠
離故當知作意亦遠離獨覺菩提無上菩提
遠離故當知作意亦遠離聲聞菩提寂靜故
當知作意亦寂靜獨覺菩提無上菩提寂靜
故當知作意亦寂靜聲聞菩提無覺知故當
知作意亦無覺知獨覺菩提無上菩提無覺
知故當知作意亦無覺知舍利子由此緣故

尒時世尊讚善現言善哉善哉汝善能爲菩
薩摩訶薩宣說般若波羅蜜多此皆如來威
神之力諸有欲爲菩薩摩訶薩宣說般若波
羅蜜多者皆應如汝之所宣說諸有菩薩摩
訶薩欲學般若波羅蜜多者皆應隨汝所說
而學具壽善現爲諸菩薩摩訶薩說是般若
波羅蜜多時於此三千大千世界六種轉變
謂動極動等極動踊極踊等極踊震極震等
極震擊極擊等極擊吼極吼等極吼爆極爆
等極爆東踊西沒西踊東沒南踊北沒北踊南
沒中踊邊沒邊踊中沒尒時如來即便微咲
具壽善現白言世尊何因何緣現此微咲佛
告善現如我於此三千大千堪忍世界爲諸
菩薩摩訶薩宣說般若波羅蜜多今於十方

菩薩摩訶薩宣説般若波羅蜜多今於十方
無量無數無邊世界諸佛世尊亦爲諸菩薩
摩訶薩宣説般若波羅蜜多如今於此三千
大千堪忍世界有十二那庾多諸天人等聞
説般若波羅蜜多於諸法中得無生忍今於
十方無量無數無邊世界各有無量無數無
邊有情聞彼諸佛所説般若波羅蜜多亦發
阿耨多羅三藐三菩提心

大般若波羅蜜多經卷第七十六

BD00736　大般若波羅蜜多經卷七六

BD00737

灌頂章句拔除過罪生死得度經

（東晋）帛尸梨蜜多羅 譯

219cm×26cm

人豪貴一
信沙門不信有須陁
陁含不信有阿那含不信有阿羅漢不信有
辟支佛不信有十住菩薩不信有三世之事
不信有十方諸佛不信有本師釋迦牟尼佛
不信有人死神明更生善者受福惡者受殃
有如是之罪應墮惡道中聞我説是藥師瑠
璃光佛名字者一切過罪自然消滅
佛告文殊師利若善男子善女人聞我説是
藥師瑠璃光佛至真等正覺其誰不發无上
正真道意後皆當得作佛人居世間仕宦不
遷治生不得飢寒困厄忘失財產无復方計
聞我説是瑠璃光佛各各得心中所願仕宦

所得便者心當存念瑠璃光佛若他婦女產
生難者皆當存念瑠璃光佛兒即易生身體平
正九諸疾痛六情完具聰明智慧壽命得長
不遭枉橫善神擁護不為惡鬼舐其頭世
佛說是語時阿難在右邊佛顧語阿難言汝
信我為文殊師利說往昔東方過十恒河沙
有佛名藥師瑠璃光本願功德者不阿難白
佛言唯天中之天佛之所言何敢不信耶佛
復語阿難言世間人雖有眼耳鼻舌身意人
常用是六事以自迷惑但信世俗魔耶之言
不信至真至誠度世皆切之語如是人輩難
可開化阿難白佛言世尊世人多有惡逆下
賤之者若聞佛說經開[illegible]目彼台人病除

可開化阿難白佛言世尊世人多有惡逆下
賤之者若聞佛説經開……目彼治人病除
人陰冥使觀光明解……刀
万劫无復憂患皆因佛
願功德悉令安隱得其福
阿難汝莫作是念以
汝心我知汝意汝知
地作礼長跪白佛言審
次聞佛如是藥師瑠璃
巍難可度量我心有小疑耳
汝智慧使劣少見少聞汝聞
无上空義應生信敬貴重之心
上正真之道文殊師利問佛言世
師瑠璃光如來无量功德如是不

言耳
佛言我説是藥師瑠璃光如
可得見何況得聞亦難得説難得
得讀文殊師利若有善男子善女
經受持讀誦書著竹帛復能爲他人
義此皆先世以發道意今復得聞此微妙
開化十方无量衆生當知此人必當得
上正真道也
佛告阿難我作佛以來從生死復至生
昔累劫无所不還无所不歷无所不作无
爲如是不可思議況復瑠璃光佛本願
德者乎汝所以有疑者亦復如是阿難汝
佛説汝諦信之莫作疑惑佛語至誠无有

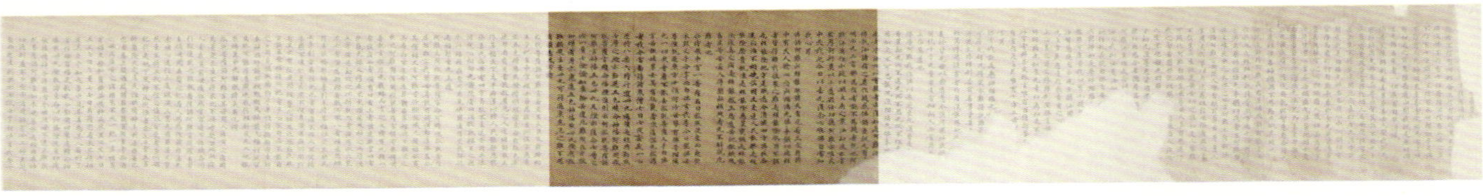

德者乎汝所以有疑者亦復如是阿難汝
佛說汝諦信之莫作疑惑佛語至誠无有虛
僞亦无二言佛爲信者施不爲疑者說也阿
難汝莫作小疑以毀大乘之業汝却後亦當
發摩訶衍莫以小道毀汝功德阿難亦唯天
中天我從今日以去无復余心唯佛自當知
我心耳
佛語阿難此經能照諸天宮宅若三灾起時
中有天人發心念此瑠璃光佛本願功德經
者皆得離於彼處之難是經能除水涸不調
是經能除他方逆賊悉令消滅四方夷狄各
還正治不相嬈惱國土交通人民歡樂是經
能除穀貴飢凍是經能除惡星變怪是經能
除疫毒之病是經能救三惡道苦地獄餓鬼

尒時衆中有一菩薩名曰救脫從坐而起整
衣服叉手合掌而白佛言我等今日聞佛世
尊演說過東方十恒河沙世界有佛号瑠璃
光一切衆會靡不歡喜救脫菩薩叉手白佛
言若族姓男女其有厄羸著床痛惱无救護
者我今當勸請諸衆僧七日七夜齋戒一心
受持八禁六時行道卌九遍讀是經典勸然
七層之燈亦勸懸五色續命神幡阿難問救
脫菩薩言續命幡燈法則云何救脫菩薩語
阿難言神幡五色卌九尺燈亦復尒七層之
燈一層七燈燈如車輪若遭厄難閉在牢獄
枷鎖著身亦應造五色神幡然卌九燈應放
雜類衆生至卌九可得過度危厄之難不為
諸横惡鬼所持

BD00737　灌頂章句拔除過罪生死得度經

雜類衆生至卌九可得過度危厄之難不為
諸横惡鬼所持
救脱菩薩語阿難言若天王大臣及諸輔相
王子妃主中宮婇女若為病苦所惱亦應造
立五色繒旛然燈續明救諸生命散雜色華
燒衆名香王當放赦屈厄之人徒鏁解脱王
得其福天下太平雨澤以時人民歡樂惡龍
攝毒无病苦者四方夷狄不生逆害國土通
洞慈心相向无諸怨害四海歌詠稱王之德
承此福禄在意所生見佛聞法信受教誨從
是福報至无上道
阿難又問救脱菩薩言命可續世救脱菩薩
荅阿難言我聞世尊説有諸横勸造旛蓋令
其脩福又言阿難昔沙弥救蟻已脩福故盡

尊說言横乃无數略而言之大横有九種一
者横病二者横有口舌三者横遭縣官四者
身羸无福又持戒不完横為鬼神之所得便
五者横為劫賊之所剝脫六者横為水火焚
漂七者横為雜類禽獸所噉八者横為怨讎
符書厭禱耶神牽引未得其福但受其殃先
士牽引亦名横死九者有病不治又不脩福
湯藥不順針灸失度不值良醫為病所困於
是滅亡有信世間妖孽之師為作恐動寒熱
言語妄發禍福所犯者多心不自正不能自
定卜問覓禍煞猪狗牛羊種種雜類衆生解
奏神明呼諸邪妖魍魎鬼神請乞福祚欲望
生終不能得愚癡迷惑信邪到見死入地獄
展轉其中无解脫時是名九横

奏神明呼諸邪妖魍魎鬼神請乞福祚欲望
生終不能得愚癡迷惑信邪到見死入地獄
展轉其中无解脫時是名九横
救脫菩薩語阿難言其世間人瘵黃之病困
篤著床求生不得求死不得考楚万端此病
人者惑其前世造作惡業罪過所招殃咎所
引故使然也救脫菩薩語阿難言閻羅王者
主領世間名籍之記若人為惡作諸非法无
孝順心造作五逆破滅三寶无君臣法又有
衆生不持五戒不信正法設有受者多所毀
犯於是地下鬼神及伺候者奏上五官五官
料簡除死定生或注錄精神未判是非若已
定者奏上閻羅閻羅監察隨罪輕重考而治
之世間瘵黃之病困篤不死一絕一生猶其

還其身中如是夢中見其善惡其人若明了
者信驗罪福是故我令勸諸四輩造續命神
幡然卌九燈放諸生命以此幡燈放生功德
拔彼精神令得度苦今世後世不遭厄難救
脫菩薩語阿難言如來世尊說是經典威神
功德利益不少坐中諸鬼神有十二神王從
坐而起往到佛所胡跪合掌白佛言我等十

BD00738 妙法蓮華經卷五

（後秦）鳩摩羅什 譯

77.4cm × 25.7cm

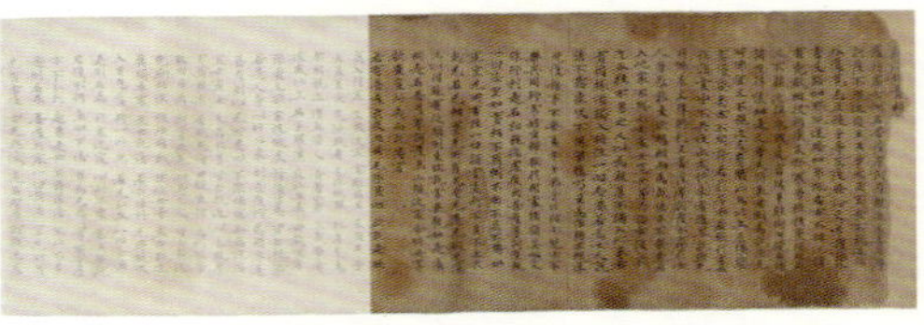

諸法如實相
薩行處云何名菩薩摩訶薩親近處菩薩摩
訶薩不親近國王王子大臣官長不親近諸
外道梵志尼揵子等及造世俗文筆讃詠外
書及路伽耶陁逆路伽耶陁者亦不親近諸
有兇戲相扠相撲及那羅等種種變現之戲
又不親近旃陁羅及畜猪羊雞狗田獵漁捕
諸惡律儀如是人等或時來者則爲說法无
所悕望又不親近求聲聞比丘比丘尼優婆
塞優婆夷亦不問訊若於房中若經行處若
在講堂中不共住止或時來者隨冝說法无
所悕求文殊師利又菩薩摩訶薩不應於女

近五種不男之人以爲親厚不獨入他家若
有因緣須獨入時但一心念佛若爲女人說
法不露齒咲不現胷臆乃至爲法猶不親厚
況復餘事不樂畜年少弟子沙弥小兒亦不
樂與同師常好坐禪在於閑處脩攝其心文
殊師利是名初親近處復次菩薩摩訶薩觀
一切法空如實相不顛倒不動不退不轉如
虛空无所有性一切語言道斷不生不出不
起无名无相實无所有无量无邊无礙无障
但以因緣有從顛倒生故說常樂觀如是法
相是名菩薩摩訶薩第二親近處尒時世尊
欲重宣此義而說偈言
若有菩薩 於後惡世 无怖畏心 欲說是經

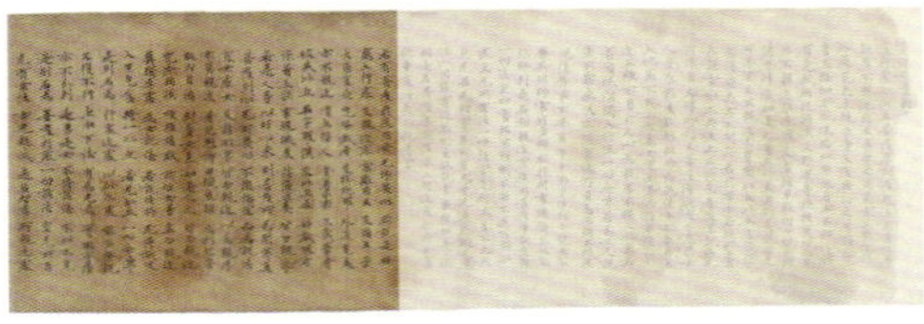

若有菩薩　於後惡世　无怖畏心　欲說是經
應入行處　及親近處　常離國王　及國王子
大臣官長　兇險戲者　及旃陀羅　外道梵志
亦不親近　增上慢人　貪著小乘　三藏學者
破戒比丘　名字羅漢　及比丘尼　好戲咲者
深著五欲　求現滅度　諸優婆夷　皆勿親近
若是人等　以好心來　到菩薩所　為聞佛道
菩薩則以　无所畏心　不懷悕望　而為說法
寡女處女　及諸不男　皆勿親近　以為親厚
亦莫親近　屠兒魁膾　田獵魚捕　為利煞害
販肉自活　衒賣女色　如是之人　皆勿親近
兇險相撲　種種嬉戲　諸婬女等　盡勿親近
莫獨屏處　為女說法　若說法時　无得戲咲

是則名為　行處近處　以此二處　能安樂說

又復不行　上中下法　有為无為　實不實法

亦不分別　是男是女　不得諸法　不知不見

是則名為　菩薩行處　一切諸法　空无所有

无有常住　亦无起滅　是名智者　所親近處

BD00739　佛名經（十六卷本）卷九

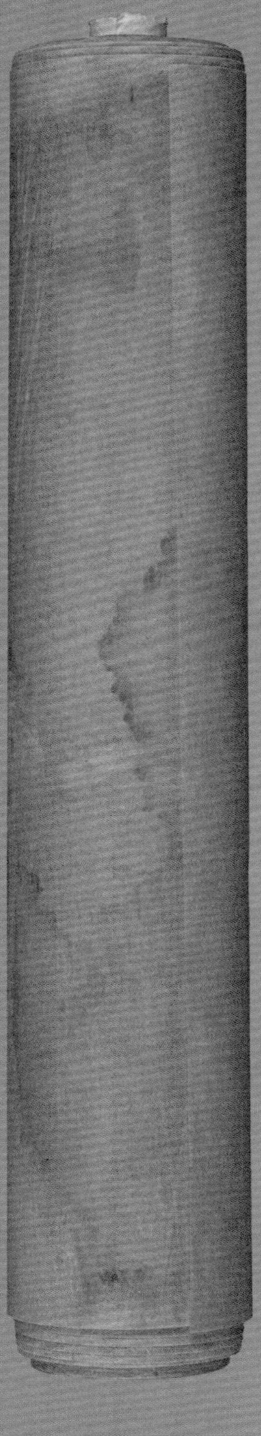

1069.5cm × 26cm

…明佛
南无无邊功德聚集世界无邊
功德勝王佛
南无大莊嚴成就世界日燈王佛
南无波頭摩跋提世界普華佛
南无摩梨支世界盧舍那佛
南无清淨行世界那羅延華幢佛
南无有華世界波頭摩威德佛
南无有雲世界雲聲王佛
南无不世界薝蔔色佛
南无蓮華世界波頭摩勝佛
南无光幢世界光明王佛
南无无邊功德莊嚴光明世界莊嚴王佛

功德寶集示現安樂金色光明師子奮迅王佛
南无普寶闇錯世界普光明妙勝山王佛
南无普无垢世界无垢稱王佛
南无清淨行世界普華佛
如是諸世界中諸佛一切歸命及彼菩
薩摩訶薩一切大衆亦悉歸命
尒時諸比丘白佛言世尊世尊如是諸佛如
來所有壽命長短等不佛告諸比丘汝等諦
聽當為汝說比丘我此娑婆世界賢劫釋迦
牟尼佛國土一劫於安樂世界為一日一夜
若安樂世界阿弥陁佛國土一劫於袈裟幢
世界碎金剛佛國土為一日一夜若袈裟幢
世界一劫於不退輪吼世界善快光明波頭

BD00739　佛名經（十六卷本）卷九

世界碎金剛佛國土為一日一夜若袈裟幢
世界一劫於不退輪吼世界善快光明波頭
摩敷身如來佛國土為一日一夜若不退輪
吼世界一劫於无垢世界法幢如來佛國土
為一日一夜若无垢世界一劫於善然燈世
界師子如來佛國土為一日一夜若善然
燈世界一劫於善光明世界盧舍那藏如
來佛國土為一日一夜若善光明世界一劫於
難過世界法光明波頭摩敷身如來佛國土
為一日一夜若難過世界一劫於莊嚴慧世
界一切通光如來佛國為一日一夜若莊嚴慧
世界一劫於鏡輪光世界月智如來佛國土
為一日一夜比丘入如是數滿足過十阿僧祇

量无邊長短不等諸佛如来壽命住世亦復
如是諸比丘汝等應當稱諸佛名作如是言
南无如是等諸佛如来
南无不動智佛　南无阿尼羅智佛
南无阿私陁智佛　南无行智佛
南无阿樓那智佛　南无常智佛
南无妙智佛　南无樂自在天佛
南无梵天佛　南无勝智天佛
南无菴摩羅月佛　南无不退月佛
南无不動月佛　南无阿尼羅月佛
南无婆留那月佛　南无阿私月佛
南无勝月佛　南无阿樓那月佛
南无无垢月佛　南无勝智月佛

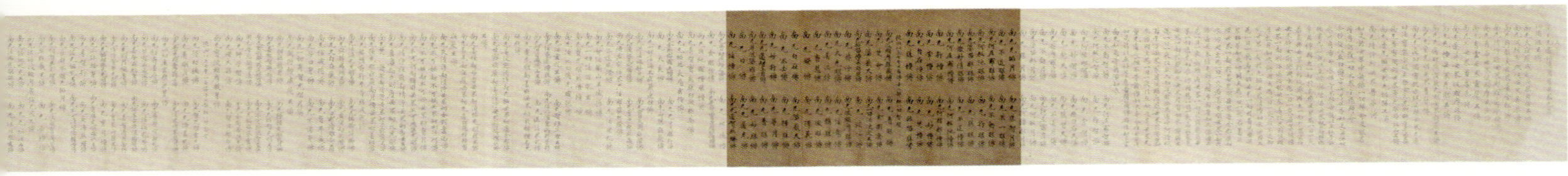

南无无垢月佛　南无勝智月佛
南无不退眼佛　南无第一眼佛
南无阿尼羅眼佛　南无不動眼佛
南无阿私陁眼佛　南无行眼佛
南无婆留那眼佛　南无勝眼佛
南无微妙清眼佛　南无不退幢佛
南无阿尼羅幢佛　南无阿私陁幢佛
南无行幢佛　南无阿樓那幢佛
南无常幢佛　南无妙幢佛
南无自在幢佛　南无梵幢佛
南无勝幢佛　南无弥留勝佛
從此以上七千二百佛十二部經一切賢聖
南无波頭摩勝藏佛　南无普眼佛

南无弥留幢家眼勝佛　南无致沙佛
南无非沙佛　南无波頭摩勝佛
南无火光明佛　南无法意佛
南无善法佛　南无稱勝佛
南无寶慧佛　南无微眼佛
南无燈佛　南无擇義佛
南无自在佛　南无婆藪天佛
南无不去佛　南无擇勝佛
南无妙行佛　南无导月佛
南无无邊智上首佛　南无普眼佛
南无摩波婆羅佛　南无妙勝佛
南无日佛　南无无邊光佛
南无法幢佛　南无无邊智然燈佛

南无法幢佛　南无无邊智然燈佛
南无普功德觀然燈佛　南无功德佛
南无金剛幢佛　南无普智寶炎勝功德幢佛
南无因陁羅幢勝幢佛
南无普智寶炎勝功德雞都佛
南无无垢輪大悲雲幢佛
南无金剛那羅延幢佛　南无无导勝行佛
南无大炎佛　南无山勝莊嚴佛
南无一切法海王莊嚴速任佛
南无深法海妙光佛　南无寶炎圍然燈佛
南无功德海光明輪勝佛　南无盧遮那勝藏佛
南无滿虛空法界广法羅勝然燈佛
南无不退然燈佛　南无法界吼佛

南无寶光明然燈幢佛
南无須弥功德光威德佛
南无法雲吼王佛　南无智炬然燈王佛
南无法雷速幢勝佛　南无法然燈奮迅師子師
南无智力威德山王佛　南无退法界吼佛
南无雷光明劫善照世界初放栴檀香光
明照佛
南无善決定清浄劫无垢世界初盧舍那佛
南无甘露莊嚴劫善清浄世界初栴檀然燈
王佛
南无善住劫妙香世界初須弥光明勝王佛
南无善見劫莊嚴世界初无邊功德種種寶
莊嚴王佛

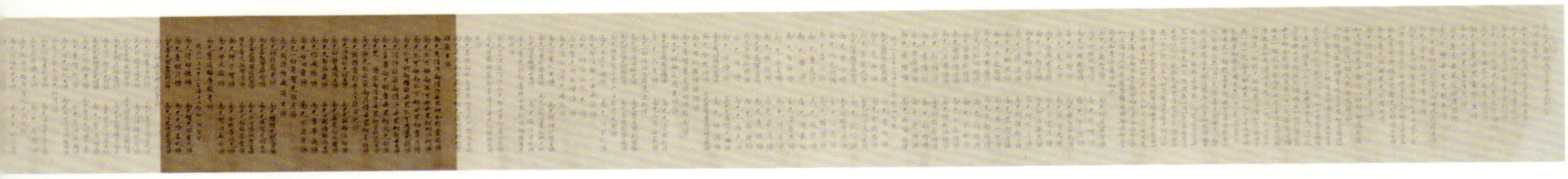

莊嚴王佛
南无炎清淨劫清淨世界初金剛奮迅佛
南无不可嫵劫不可嫵世界初毗沙門佛
南无不可嫵劫不可嫵世界初寶月佛
南无不可訶劫稱財世界不可思議光明佛
南无清淨莊嚴劫清淨世界初觀世王佛
南无真塵劫光明塵世界初火光明佛
南无梵　讚歎劫清淨世界初力莊嚴王佛
南无德光明莊嚴劫月幢世界初善眼佛
南无旃檀香行平等勝成就佛
南无法海吼光明王佛　南无无垢輪法輪佛
南无寂靜威德王佛　南无虛空劫然燈佛
南无天自在藏佛　南无日羅幢雞都王佛

南无一切身智光明月佛
南无閻浮檀威德王佛
南无相莊嚴身佛
南无種種光明大月佛
南无善觀智雞都佛
南无无垢智光明王佛
南无金剛那羅延精進佛
南无不可降伏智處佛
南无普无垢智通佛
南无无垢眼勝雲佛
南无師子智佛
南无金剛菩提光佛
南无燈火髻佛
南无智日雞都佛
南无寶波頭摩敷身佛

從此以上七千三百佛十二部經一切賢聖

南无得功德佛
南无智光明雲光佛
南无普明月佛
南无无障蓋吼佛
南无普光明奮迅師子佛
南无法界境界慧月佛

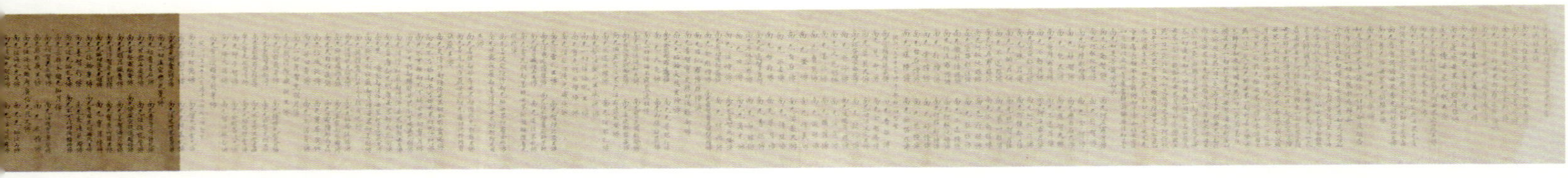

南无普光明奮迅師子佛　南无法界境界慧月佛
南无一切虛空樂說覺佛
南无初香善名佛　南无普聲寂靜吼佛
南无甘露山威德佛　南无法海吼聲佛
南无善堅羅網堅佛　南无佛虛空鏡像顕髻佛
南无光明月微塵佛　南无善智滿月面佛
南无清淨智華光明佛　南无寶炎山勝王佛
南无无垢功德火光明佛　南无寶月幢佛
南无三昧輪身佛　南无寶勝光明威德王佛
南无普智行佛　南无炎海然燈佛
南无法无垢吼王佛　南无不可比功德稱幢佛
南无長辟本願无垢月佛
南无相智義然燈佛　南无法起寶齊聲佛

南无法海吼光王佛　南无无垢法山佛
南无法輪光明髻佛　南无法日勝雲佛
南无法海說聲王佛　南无法日智輪然燈佛
南无法華雞都幢雲佛
南无法炎山雞都王佛
南无法行深勝月佛　南无法智普鏡佛
南无藏普智住照佛　南无山勝藏王佛
南无普門賢照佛　南无速一切精進幢佛
南无法寶華勝雲佛　南无稱光明深髻佛
南无法光明慈樂說光明月佛
南无談海佛　南无智日普光明佛
南无普輪頂佛　南无智光明王佛
南无福德光華燈佛　南无智師子雞都幢王佛

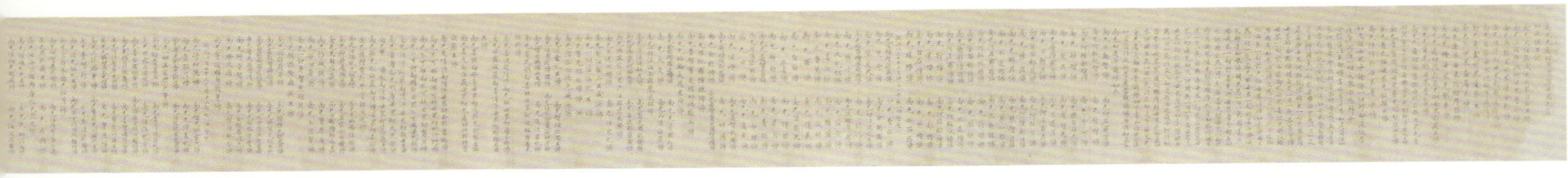

南无福德光華燈佛
南无日光明王佛
南无莊嚴山佛
南无法羅網覺勝月佛
南无毘耶羅延師子佛
南无普智不二勇猛佛
南无法波頭摩敷身佛
南无切德華勝海佛
南无菩提輪善覺勝月佛
南无然法炬勝月佛
南无普賢鏡像髻佛
南无金剛海幢王佛
南无旃檀勝月佛

南无智師子雞都幢王佛
南无寶相山佛
南无日步普照佛
南无法幢然燈佛
南无彌山勝雲佛
南无普切德華威德光佛

南无相山盧舍那佛　南无普聞名稱幢佛
南无普門光明須弥佛　南无法城光勝佛
南无普功德威德佛　南无相勝法力勇猛幢佛
南无轉法輪光明吼佛
南无光明功德山波若照佛
南无轉法輪月妙勝佛
南无法華盧舍那清淨雞都佛
南无寶波頭摩光明藏佛
南无寶山雲燈佛　南无普覺華佛
南无種種光明勝弥留藏佛
南无光明輪峯王佛　南无福德雲蓋佛
南无法峯雲幢佛　南无功德山威德佛
南无法日雲燈王佛　南无香解幢智威德佛

南无法日雲燈王佛　南无香觧幢智威德佛
南无法輪力雲佛　南无法雲稱勝月佛
南无賢首弥留威德佛
從此以上七千四百佛十二部經一切賢聖
南无普慧雲吼佛
南无法力勝山佛　南无香炎勝王佛
南无伽耶迦摩尼山聲佛
南无頂藏一切法光明輪佛
次礼十二部尊經大藏法輪
南无諸法本經　南无大淨法門經
南无漏分布經　南无諸方佛經
南无十善十惡經　南无九横經
南无度集經　南无十五德經

南无生聞婆羅門經
南无十執經　南无玄趣經
南无自見自智爲能盡結經
南无十遍和七言禪利經
南无猛施經　南无金輪王輪經
南无有三方便經　南无持人菩薩經
南无金益長者子經　南无有賢者法經
南无波達王經　南无比丘所求色經
南无有陁竭署社桒波羅經
南无興調經　南无憂多羅母經
次礼十方諸大菩薩
南无大明菩薩　南无无盡意菩薩
南无意王菩薩　南无无邊意菩薩

南无意王菩薩
南无日意菩薩
南无美音菩薩
南无大音聲菩薩
南无常堅菩薩
南无堅莊菩薩
南无常輕菩薩
南无法意菩薩
南无法首菩薩
南无發精進菩薩
南无淨威德菩薩
南无善思惟菩薩
南无跋陁波羅菩薩
南无高德菩薩

南无无邊意菩薩
南无月音菩薩
南无美音聲菩薩
南无堅精進菩薩
南无堅發菩薩
南无常悲菩薩
南无法上菩薩
南无法喜菩薩
南无法積菩薩
南无智慧菩薩
南无那羅延菩薩
南无法思惟菩薩
南无法益菩薩
南无師子遊行菩薩

南无阿若憍陳如　南无摩訶迦葉
南无優樓頻螺迦葉　南无伽耶迦葉
南无那提迦葉　南无舍利弗
南无大目揵連　南无摩訶迦旃延
南无阿㝹樓馱　南无劫賓那
南无憍梵波提
礼三寶已次復懺悔
弟子等略懺煩惱障竟今當次第懺悔業障
夫業能莊飾世趣在在處處是以思惟求離
世解脫所以六道果報種種不同形類各異
當知皆是業力所作所以佛十力中業力甚
深凡夫之人多於此中好起疑惑何以故尔
現見世間行善之者觸向轗軻為惡之者是

現見世間行善之者觸向轗軻爲惡之者是
事諧偶謂言天下善惡无分如此計者皆是
不能深達業理何以故尒經中說言有三種
業何等爲三一者現報二者生報三者後報
現報業者現在作善作惡現身受報生報業
者此生作善作惡來生受報後報業者或是
過去无量生中作善作惡或於此生中受或
在未來无量生中方受其報向者行惡之人
現在見好此是過去生報後報善業熟故所
以現在有此樂果豈關現在作諸惡業而
得好報行善之人現在見苦者是過去生中生
報後報惡業熟故現在善根力弱不能排遣
是故得此苦報豈關現在作善而招惡報何
[illegible]

此惡業所以諸佛菩薩教令親近善友共行
懺悔善知識者於得道中則為舍利是故弟
子等今日至誠歸依於佛
南无東方无量離垢佛　南无南方樹花王佛
南无西方蓮華自在佛　南无北方金剛能破佛
南无東南方栴檀義勝佛
南无西南方金海自在王佛
南无西北方无邊法自在王佛
南无東北方无㝵香象王佛
南无下方无㝵惠幢佛　南无上方甘露上王佛
如是十方盡虛空界一切三寶
弟子等无始以來至於今日積惡如恒沙造
罪滿天地捨身與受身不覺亦不知或作五

罪滿天地捨身與受身不覺亦不知或作五
逆深厚罪纏无間罪業或造一闡提斷善根
業輕誣佛語謗方等業破滅三寶毀正法業
不信罪福起十惡業迷真返正癡惑之業不
孝二親反戾之業輕慢師長无礼敬業朋友
无信不義之業或作四重六重八重障聖道
業毀犯五戒破八齋業五篇七聚多缺犯業
優婆塞戒輕重垢業或菩薩戒不能清淨如
說行業前後方便汙梵行業月无六齋懈怠
之業年三長齋不常脩業三千威儀不如法
業八万律儀微細罪業不脩身戒心慧之業
春秋八王造眾罪業行十六種惡律儀業於
若眾生无慈傷業不矜不念无矜慈業不拔

園林池浴生蕩逸業或以盛年放恣情欲造
衆罪業或善有漏迴向三有障出世業如是
等業无量无邊今日發露向十方佛尊法聖
衆皆悉懺悔
願弟子等承是懺悔无閒諸業所生福善願
生生世世滅五逆罪除闡提或如是輕重諸
罪從今以去乃至道場誓不更犯恒習出世
清淨善法精持律行守護威儀如度海者愛
惜浮囊六度四等常標行首戒定慧品轉得
增明速成如來卅二相八十種好十力无畏
大悲三念常樂妙智八自在我 住礼一拜
南无然法輪威德佛　南无山峯勝威德佛
南无普精進炬光明雲佛

南无普精進炬光明雲佛
南无三昧□寶天冠光明佛
南无勝寶光佛　南无法炬寶帳聲佛
南无衆法光明師子佛　南无莊嚴相月幢佛
南无光明山雷電雲佛　南无无垢幢佛
南无无㝵法虛空光明佛　南无快智華敷身佛
南无世間妙光明聲佛　南无法三昧光明聲佛
從此以上七千五百佛十二部經一切賢聖
南无法聲多藏佛　南无法火海聲佛
南无三世相鏡像威德佛　南无高法輪光明佛
南无法界師子光佛　南无盧舍那勝須弥佛
南无一切三昧海師子佛　南无普光慧然燈佛
南无法界城然燈佛　南无普門毗光王佛
南无一□□佛　南无一□□□佛

南无虛空山照佛　南无阿层羅有眼佛
南无龍自在王佛　南无普照勝須弥王佛
南无无㝵虛空智雞都幢王佛
南无普智光明照十方吼佛
南无雲王吼聲佛　南无不空見佛
南无普照佛　南无寶聲佛
南无妙聲佛　南无金色寶住果妙山佛
南无金閻浮幢于遮那光明佛
南无金色百光明佛　南无寶稱佛
南无不空稱佛　南无日受佛
南无成就智義佛　南无普賢佛
南无无垢光明雞都王佛
南无寶炎佛　南无日月佛

BD00739　佛名經（十六卷本）卷九

南无寶尖佛　南无日月佛
南无海賧佛　南无法幢佛
南无无邊功德王佛　南无寶藏佛
南无无垢面佛　南无无量壽華佛
南无寶聚佛　南无習起佛
南无普護佛
尒時憂波摩那比丘從坐而起偏袒右肩右
膝著地白佛言世尊世尊幾佛過去佛告優
波摩那比丘比丘辟如恒河沙世界下至水
際上盡有頂满中微塵比丘有人於中取尒
所微塵過恒河沙世界下一微塵如是過恒河
（沙）河世界復下一塵如是盡尒所微塵比丘於
意云何若著微塵若不著微塵是微塵數可

入涅槃者不可數知比丘我知彼過去諸佛
如現前見彼諸佛母同名摩訶摩耶父同名
輸頭檀王城同名迦毗羅彼諸佛第一聲
聞弟子同名舍利弗目揵連侍者弟子同名
阿難何況種種異名母異名父異名城異名
弟子異名侍者比丘彼若干世界彼人於何
等世界著微塵何等世界不著微塵彼諸世
界若著微塵不著微塵下至水際上至有頂
比丘復有第二人取一微塵過彼若干微塵
數世界尒數佛國土阿僧祇億百千万那由
他世界為一步比丘彼人如是過百千万億
那由他阿僧祇劫行乃下一塵如是盡諸微
塵比丘如是若干世界满中微塵復更著十

BD00739　佛名經（十六卷本）卷九

塵比丘如是若千世界滿中微塵復更著十
方世界比丘復過是世界著微塵彼諸世界
下至水際上至有頂滿中微塵比丘於意云
何微微塵可知數不比丘言不也世尊佛告
比丘彼諸微塵可知其數彼同名母同名父
同名弟子同名侍者同名釋迦牟尼佛不可
知數如釋迦牟尼不勝憶佛亦如是盧舍那
佛亦如是无垢勝眼佛亦如是无垢光明眼
佛亦如是光光明清淨王佛亦如是善无垢
清淨佛亦如是成就无邊功德勝王佛亦如
是寶光明佛亦如是彌脩佛亦如是聲德佛
亦如是波頭摩勝佛亦如是日月佛亦如是
普寶蓋佛亦如是比丘汝當歸命如是等阿

南无普照佛
南无藥王佛
南无弥留燈王佛
南无寶莊嚴佛
南无智成就佛
南无寶蓋佛
南无放炎佛
南无物成就佛
南无稱佛
南无三昧勝佛
南无寶觀佛
南无寶雞都佛
南无尸羅施佛
南无莎羅王佛
南无寶雞兜王佛
南无大嚴佛
南无山自在王佛
南无旃陁佛
南无見義佛
南无自在幢佛
南无大弥留佛
南无无光勝佛
南无大莊嚴佛
南无大智幢佛
南无日藏佛
南无无畏上勝山王佛

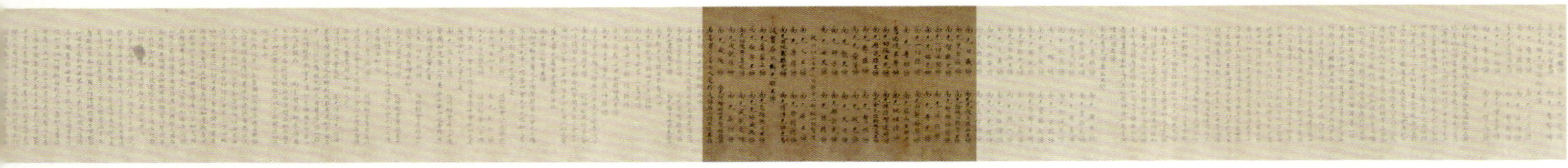

南无日藏佛
南无梵自在佛
南无智雞兜佛
南无一切世間佛
南无无垢光佛
南无一切勝佛
南无普明佛
南无舊逝境界聲佛
南无功德王光佛
南无樂説勝王佛
南无難勝佛
南无无量聲佛
南无龍天佛

南无无畏上勝山王佛
南无餘依止點聲王佛
南无智炬住持佛
南无法照佛
南无普光佛
南无寂靜妙聲佛
南无勝山王師子佛
南无地住持佛
南无住持智達燎佛
南无金色波頭摩成王佛
南无寶住佛
南无親光佛
南无天力佛

從此以上七千六百佛十二部經一切賢聖
南无人王佛　南无華王佛
南无華勝佛　南无發精進佛
南无因陁羅雞兜佛　南无清淨无垢光菩
南无菩
提寶華不斷光明王佛
南无薝蔔上佛　南无意福德日王佛
南无觀聲王佛　南无无垢威德佛
南无一切德寶集吼佛　南无成就意佛
南无成就勝佛　南无斯何佛
南无威德佛　南无阿輪迦世界賢妙勝佛
若善男子善女人受持是佛名必得不退菩提
南无難陁世界旃檀勝佛
若善男子善女人受持是佛名畢竟清淨心

BD00739　佛名經（十六卷本）卷九

若善男子善女人受持是佛名畢竟清淨心
南无跋陁世界寂滌佛　南无意智雞兜佛
南无世界破魔力佛　南无滿月世界无憂佛
南无雞兜意勝世界寶杖佛
南无語吼聲勝世界華勝佛
南无善摩世界三舊迂佛
南无廣世界樹提勝佛
南无月勝世界金剛功德身佛
南无過去无量无邊海勝佛
若善男子稱彼佛名得畢竟不退菩提心
南无弥留勝王佛　彼佛初成佛第一會
八十億百千万那由他聲聞衆第二會七十
由他第四會廿五億百千万那由他如是菩

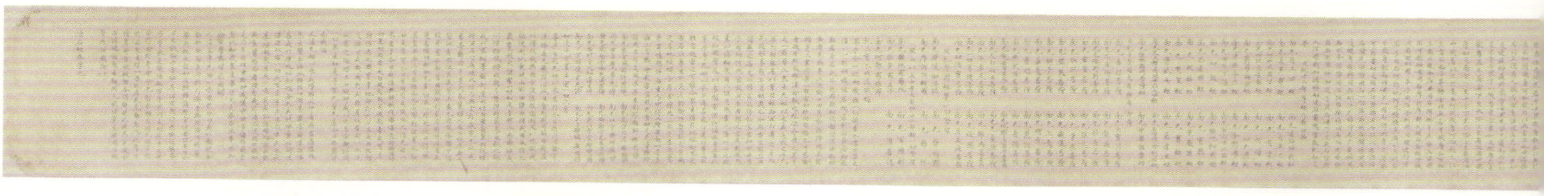

彼如來初會有九十億聲聞第二會九十億
第三會九十三億第四會九十九億如是菩
薩摩訶薩衆无量无邊
南无華勝佛　彼佛初會八十億聲聞
菩薩僧亦如是　南无妙行佛
南无无量大莊嚴佛　彼佛初會八十億
聲聞第二會七十億乃至第十會亦如是菩
薩僧亦如是无量无邊
南无放炎佛　彼佛初會有九十億
聲聞如是第二乃至第十亦如是菩薩摩
訶薩僧无量无邊
南无一切光明佛　彼佛初會有那由他
億聲聞菩薩僧亦如是

億聲聞菩薩僧亦如是
南无无量光明佛　彼佛初會聲聞有九
十六億第二會九十四億第三會九十二億
菩薩僧亦如是
南无聲德佛　彼佛初會聲聞有八
十億第二會七十億第三會六十億菩薩僧
亦如是應當歸命如是等
復次比丘應當敬礼　南无清淨无垢世
界菩薩佛謂文殊師利現在普見如來國土
中　復次比丘應敬礼四大士菩薩佛一名
光明憶現在東方无畏如來佛國土中第二
名智勝現在　南方智聚如來佛國
土中第三名舜根現在西方智山如來國土
中第四名須[illegible]成光現在北方那羅[illegible]如來

復次摩訶男比丘重問如來世尊過去號佛
入涅槃佛告摩訶男汝今諦聽當為汝說
比丘東方恒河沙世界南方恒河沙世界西
方恒河沙世界北方恒河沙世界上下四維
恒河沙世界彼一切世界下至水際上盡有
頂滿中微塵比丘於意云何彼如是微塵可
知數不比丘言不也世尊佛告比丘如是同
名釋迦牟尼佛過去入涅槃我知過去諸佛
如現在前彼諸佛母同名摩訶摩耶父同名
輸頭檀王城同名迦毗羅彼佛弟一聲聞弟
子同名舍利弗目揵連侍者弟子同名阿難
陁何况種種異名母異名父異名城異名
弟子異名侍者異名比丘彼若干世界彼人

BD00739　佛名經（十六卷本）卷九

弟子與若侍者異名比丘彼若干世界彼人
於何等世界着微塵何等世界不着微塵彼
諸世界若着微塵及不着者下至水際上至
有頂比丘復有弟二人取彼微塵若干微
塵數世界尒所佛國土阿僧祇億百千万那由
他世界過尒所世界為一步比丘彼人復過
若干微塵數世界一步彼人如是過百千万
億那由他阿僧祇劫行乃下一塵如是盡諸
微塵比丘如是若干世界若着微塵及不着
者滿中微塵復更着十方世界比丘復過是
世界若着微塵及不着者彼諸世界下至水
際上至有頂滿中　是微塵比丘於意云何
彼諸微塵可知數不比丘言不也世尊佛告

迦毗羅第一弟子同名舍利弗目揵連侍者
弟子同名阿難陀不可知數復次比丘復有
第三人取彼尒所世界微塵過彼尒所微塵
數世界為過若干百千万億那由他阿僧祇
行乃下一塵如是盡諸微塵復有第四人彼
若干微塵數世界若著若不著下至水際上
至有頂滿中微塵比丘於意云何彼微塵可
知數不比丘言不也世尊佛告比丘彼若干
微塵可知其數然彼同名釋迦牟尼佛母同
名同名父世界同名弟子同名侍者同名佛不
可知數比丘如是第五人第六第七第八第
九第十人復次比丘復有第十一人是人彼
若干微塵中取一微塵破為十方若干世

若干微塵中取一微塵破爲十方若干世
界微塵數分如一微塵破爲若干分如是餘
微塵亦悉破爲若干世界微塵數分比丘於
意云何彼微塵可知數不比丘言不也世尊佛
告比丘復有人彼若干微塵佛國土爲過一步如
是速疾神通行東方世界无量无邊劫行行如
是東方世界下一微塵東方盡如是微塵若着
微塵及不著者下至水際上至有頂滿中微
塵如是南方乃至十方下至水際上至有頂滿
中微塵比丘於意云何彼微塵可知數不比
丘言不也世尊佛告比丘若干微塵分可知
其數然現今在世同名釋迦牟尼佛入涅槃
不可數知母同名摩訶摩耶父同名輸頭檀城

千微塵數劫住世說一同名釋迦牟尼佛不
可窮盡如是同名然燈佛同名提波延佛同
名燈光明佛同名一切勝佛同名彌佛同名
波頭摩頭佛同名毗婆尸佛同名尸棄佛同
名毗舍浮佛同名拘留孫佛同名拘那含佛
同名迦葉佛如是等異名母乃至異名侍者
入涅槃我知彼佛如現在前應當敬礼如是
等　次礼十二部尊經大藏法輪
南无有三力經　南无造浴佛時經
南无憂多羅經　南无有五力經
南无河中大聚沫經　南无首達經
南无四性長者難經　南无折佛經
南无舍利弗誨疾經　南无四无畏經

BD00739　佛名經（十六卷本）卷九

南无舍利弗誨族經　南无四无畏經
南无車匿本末經　南无舍利弗經
南无四不可得經　南无百六十二品經
南无四飯經　南无賴吒和羅經
南无不退轉經　南无寶積經
南无枚鉢經　南无梵魔難經
南无梵皇經　南无寶結經
南无寶施女經　南无藍達王經
南无天上釋爲故世在人中經　南无道德舍利日經
南无隨迦羅耶菩薩經　南无中要語章經
次礼十方諸大菩薩摩訶薩
南无喜根菩薩　南无上寶月菩薩
南无不虛德菩薩　南无龍德菩薩

南无照照菩薩　南无勇衆菩薩
南无勝衆菩薩　南无威儀菩薩
南无師子菩薩　南无上意菩薩
南无益意菩薩　南无增意菩薩
南无寶明菩薩　南无慧頂菩薩
南无樂説頂菩薩　南无有德菩薩
南无觀世自王菩薩　南无陁羅尼自在王菩薩
南无大自在王菩薩　南无无憂德菩薩
南无不虛見菩薩　南无離惡道菩薩
南无一切勇健菩薩　南无破闇菩薩
南无功德寶菩薩　南无華威德菩薩
次礼聲聞緣覺一切賢聖
南无畢陵伽婆蹉　南无薄拘羅

BD00739　佛名經（十六卷本）卷九

南无毗陵伽婆蹉　南无薄拘羅
南无摩訶拘絺羅　南无難陁
從此以上七千七百佛十二部經一切賢聖
南无孫陁羅難陁　南无富樓那
南无弥多羅尼子　南无須菩提
南无阿難羅睺羅
礼三寶已次復懺悔
弟子今以捴相懺悔一切諸業今當次第更
復一一别相懺悔若捴若别若麁若細若
輕若重若説不説品類相從願皆消滅别相
懺者先懺身三次懺口四其餘諸障次第稽
顙身三業者第一殺害如經所明恕己可為喻
勿殺勿行杖雖復禽獸之殊保命畏死其事

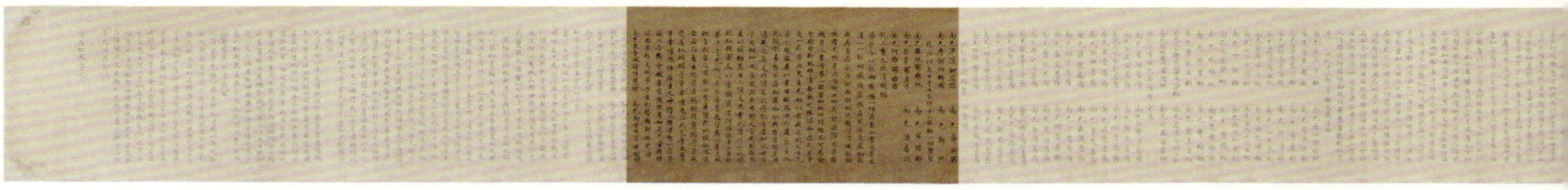

死改形易報不復相識而今興害食噉其肉
傷慈之甚是故佛言設得餘食當知飢世食
子肉相何况食噉此魚肉耶又言為利殺衆
生以錢納衆肉二俱是惡業死墮叫呼地獄
故知殺害及以食噉罪深河海過重丘岳然
弟子等无始以来不遇善友皆為此業是故
經言殺害之罪能令衆生墮於地獄餓鬼受
苦若在畜生則受虎豹豺狼鷹鷂等身或
受毒虵蝮蝎等身常懷惡心或受麞鹿羆等
身常懷恐怖若生人中得二種果報一者多
病二者斷命殺害食噉既有如是无量種種
諸惡果報是故弟子至到稽顙歸依於佛
南无東方滅諸怖畏佛　南无南方日月燈明佛

BD00739　佛名經（十六卷本）卷九

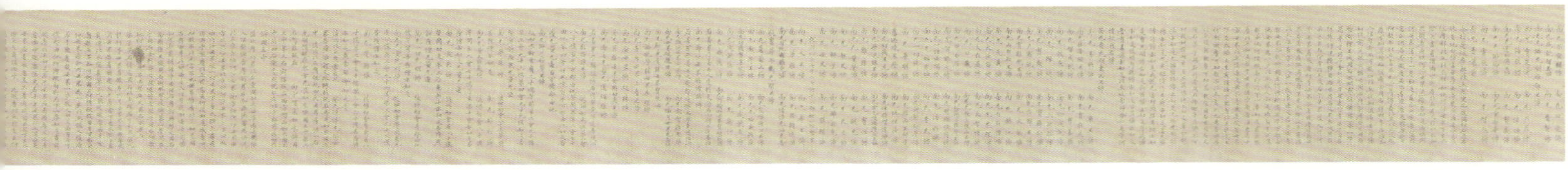

南无東方滅諸怖畏佛　南无南方日月燈明佛
南无西方覺華光佛　南无北方發功德佛
南无東南方除衆感冥佛　南无西南方无生自在佛
南无西北方大神通王佛　南无東北方空離垢心佛
南无下方同像空无佛　南无上方瑠璃藏勝佛
如是十方盡虚空一切三寶
弟子自從无始以來至於今日有此心識常
懷慘毒无慈愍心或因貪起殺因瞋因癡及
以慢殺或興惡方便誓殺願殺及以呪殺或
破決湖池焚燒山野田獵魚捕或因風放火
飛鷹放犬惚害一切如是等罪今悉懺悔或
以檻掘摅撥收戟弓弩彈射飛鳥走獸之類
或以罛綱罾鉤料度水性魚鱉黿鼉蝦蜆螺

貨他宰殺使其哀聲未盡毛羽脫落鱗甲傷
毀身首分離骨肉銷碎剝裂屠割炮燒煑炙
楚毒酸切橫加无辜但取一時之快口得味
甚寡不過三寸舌根而已其罪報殃累永劫
如是等罪今日至誠皆悉懺悔又復无始以
來至于今日或復興師相伐壃塲交諍兩陣相
向更相殺害或自殺教殺聞殺歡喜或習屠
膾債為形戮烹宰他命行於不忍或恣忿揮
戈擁刃或斬或刺或推著坑壍或以水沈
或塞穴壞巢土石磓砷或以車馬雷轢踐蹋
一切衆生如是等罪无量无邊今日發露皆
悉懺悔
又復无始以來或墮胎破卵毒藥蠱道傷殺

BD00739　佛名經（十六卷本）卷九

又復无始以來或墮胎破卵毒藥蠱道傷殺
衆生發土掘地種殖田園養蠶煮繭傷殺滋
甚或打撲蚊蚋掐嚙蚤虱或燒除糞掃開決
溝渠枉害一切或噉菓實或用穀米或水或
菜横殺衆生或然燒薪或露燭燈煩諸虫類
或食醬酢不看搖動或寫湯水澆殺虫蟻如
是乃至行住坐卧四威儀中恒常傷殺飛空
着地細微衆生弟子凡夫識闇不覺不知
今日發露皆悉懺悔
又復弟子无始以來至於今日或以鞭杖枷
鏁桁械壓立考掠打擲手脚蹴蹋的縛籠
繫斷絶水穀如是種種諸惡方便苦惱衆生今
日至誠向十方佛尊法聖衆皆悉懺悔願弟

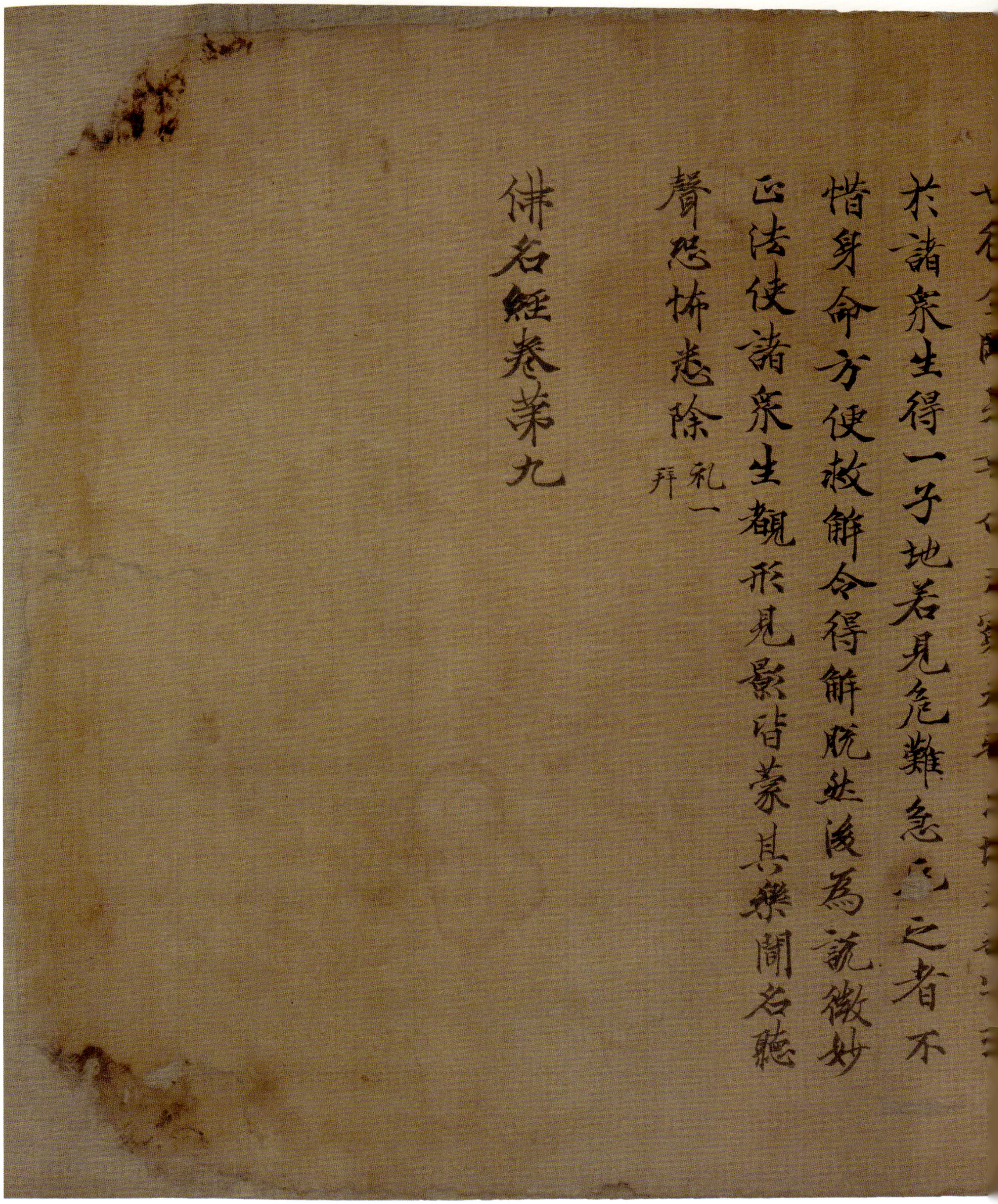

於諸衆生得一子地若見危難急厄之者不
惜身命方便救解令得解脫然後爲説微妙
正法使諸衆生覩形見影皆蒙其樂聞名聽
聲恐怖悉除 礼一拜

佛名經卷第九

BD00739 佛名經（十六卷本）卷九

BD00740

金剛般若波羅蜜經

（後秦）鳩摩羅什 譯

340.5cm × 25cm

施若復有人於此經
爲他人說其福甚多
尒時須菩提聞說是
而白佛言希有世尊
從昔來所得慧眼
若復有人得聞是
知是人成就第一希
則是非相是故如來
聞如是經典信解受持不　難若當來世
後五百歲其有衆生得聞　經信解受持是
人則爲第一希有何以故此人无我相人相
衆生相壽者相所以者何我相即是非相人
相衆生相壽者相即是非相何以故離一切
相則名諸佛

不驚不怖不畏當知是人甚為希有何以故
須菩提如來說第一波羅蜜非第一波羅蜜
是名第一波羅蜜須菩提忍辱波羅蜜如來
說非忍辱波羅蜜何以故須菩提如我昔為
歌利王割截身體我於尒時无我相无人相
无衆生相无壽者相何以故我於往昔節節
支解時若有我相人相衆生相壽者相應生
瞋恨須菩提又念過去於五百世作忍辱仙
人於尒所世无我相无人相无衆生相无壽
者相是故須菩提菩薩應離一切相發阿耨
多羅三藐三菩提心不應住色生心不應住
聲香味觸法生心應生无所住心若心有住
則為非住是故佛說菩薩心不應住色布施

則爲非住是故佛説菩薩心不應住色布施
須菩提菩薩爲利益一切衆生應如是布施
如來説一切諸相即是非相又説一切衆生
則非衆生須菩提如來是真語者實語者如
語者不誑語者不異語者須菩提如來所得
法此法无實无虚須菩提若菩薩心住於法
而行布施如人入闇則无所見若菩薩心不
住法而行布施如人有目日光明照見種種
色須菩提當來之世若有善男子善女人能
於此經受持讀誦則爲如來以佛智慧悉知
是人悉見是人皆得成就无量无邊功德
須菩提若有善男子善女人初日分以恒河
沙等身布施中日分復以恒河沙等身布施

心不逆其福勝彼何況書寫受持讀誦爲人
解說須菩提以要言之是經有不可思議不
可稱量无邊功德如來爲發大乘者說爲發
最上乘者說若有人能受持讀誦廣爲人說
如來悉知是人悉見是人皆得成就不可量
不可稱无有邊不可思議功德如是人等則
爲荷擔如來阿耨多羅三藐三菩提何以故
須菩提若樂小法者著我見人見衆生見壽
者見則於此經不能聽受讀誦爲人解說須
菩提在在處處若有此經一切世間天人阿
脩羅所應供養當知此處則爲是塔皆應恭
敬作礼圍繞以諸華香而散其處
復次須菩提善男子善女人受持讀誦此經

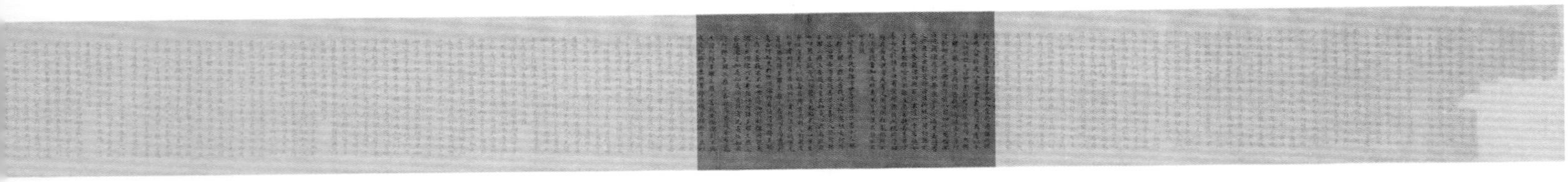

復次須菩提善男子善女人受持讀誦此經
若為人輕賤是人先世罪業應墮惡道以今
世人輕賤故先世罪業則為消滅當得阿耨
多羅三藐三菩提須菩提我念過去无量阿
僧祇劫於然燈佛前得值八百四千萬億那
由他諸佛悉皆供養承事无空過者若復有
人於後末世能受持讀誦此經所得功德於
我所供養諸佛功德百分不及一千萬億分
乃至算數譬喻所不能及須菩提若善男子
善女人於後末世有受持讀誦此經所得功
德我若具說者或有人聞心則狂亂狐疑不
信須菩提當知是經義不可思議果報亦不
可思議

尒時須菩提白佛言世尊善男子善女人發

阿耨[illegible]
伏其心佛告須菩提善男子善女人發阿耨
多羅三藐三菩提者當生如是心我應滅度
一切衆生滅度一切衆生已而无有一衆生
實滅度者何以故若菩薩有我相人相衆生
相壽者相則非菩薩所以者何須菩提實无
有法發阿耨多羅三藐三菩提心者須菩提於
意云何如來於然燈佛所有法得阿耨多羅
三藐三菩提不不也世尊如我解佛所說義
佛於然燈佛所无有法得阿耨多羅三藐三
菩提佛言如是如是須菩提實无有法如來
得阿耨多羅三藐三菩提須菩提若有法如
來得阿耨多羅三藐三菩提然燈佛則不與
我受記汝於來世當得作佛号釋迦牟尼以

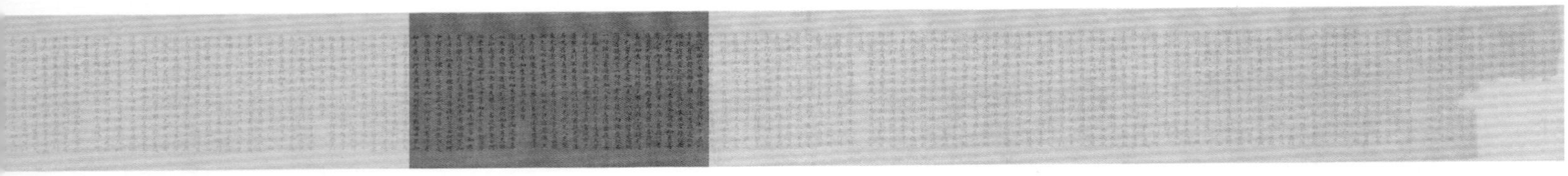

我受記汝於來世當得作佛号釋迦牟尼以
實无有法得阿耨多羅三藐三菩提是故然
燈佛與我受記作是言汝於來世當得作佛
号釋迦牟尼何以故如來者即諸法如義若
有人言如來得阿耨多羅三藐三菩提須菩
提實无有法佛得阿耨多羅三藐三菩提須
菩提如來所得阿耨多羅三藐三菩提於是
中无實无虛是故如來說一切法皆是佛法
須菩提所言一切法者即非一切法是故名
一切法須菩提譬如人身長大須菩提言世
尊如來說人身長大則為非大身是名大身
須菩提菩薩亦如是若作是言我當滅度无
量衆生則不名菩薩何以故須菩提无有法
名為菩薩是故佛說一切法无我无人无衆

佛土是不名菩薩何以故如來說莊嚴佛土
者即非莊嚴是名莊嚴須菩提若菩薩通達
无我法者如來說名真是菩薩
須菩提於意云何如來有肉眼不如是世尊
如來有肉眼須菩提於意云何如來有天眼
不如是世尊如來有天眼須菩提於意云何
如來有慧眼不如是世尊如來有慧眼須菩
提於意云何如來有法眼不如是世尊如來
有法眼須菩提於意云何如來有佛眼不如
是世尊如來有佛眼須菩提於意云何恒河
中所有沙佛說是沙不如是世尊如來說是
沙須菩提於意云何如一恒河中所有沙有
如是等恒河是諸恒河所有沙數佛世界如

BD00740　金剛般若波羅蜜經

如是等恒河是諸恒河所有沙數佛世界如
是寧為多不甚多世尊佛告須菩提尒所國
土中所有衆生若干種心如来悉知何以故
如来説諸心皆為非心是名為心所以者何
須菩提過去心不可得現在心不可得未来
心不可得須菩提於意云何若有人滿三千
大千世界七寶以用布施是人以是因緣得
福多不如是世尊此人以是因緣得福甚多
須菩提若福德有實如来不説得福德多以
福德无故如来説得福德多
須菩提於意云何佛可以具足色身見不不
也世尊如来不應以色身見何以故如来説
具足色身即非具足色身是名具足色身須

來說諸相具足即非具足是名諸相具足須
菩提汝勿謂如來作是念我當有所說法莫
作是念何以故若人言如來有所說法即為
謗佛不能解我所說故須菩提說法者无法
可說是名說法須菩提白佛言世尊佛得
阿耨多羅三藐三菩提為无所得耶如是如
是須菩提我於阿耨多羅三藐三菩提乃至
无有少法可得是名阿耨多羅三藐三菩提
復次須菩提是法平等无有高下是名阿耨
多羅三藐三菩提以无我无人无衆生无壽
者脩一切善法則得阿耨多羅三藐三菩提
須菩提所言善法者如來說非善法是名善
法須菩提若三千大千世界中所有諸須弥

BD00740　金剛般若波羅蜜經

法須菩提若三千大千世界中所有諸須弥
山王如是等七寶聚有人持用布施若人以
此般若波羅蜜經乃至四句偈等受持為他
人說於前福德百分不及一百千萬億分乃
至筭數譬喻所不能及
須菩提於意云何汝等勿謂如來作是念我
當度衆生須菩提莫作是念何以故實无有
衆生如來度者若有衆生如來度者如來則
有我人衆生壽者須菩提如來說有我者則
非有我而凡夫之人以為有我須菩提凡夫
者如來說則非凡夫須菩提於意云何可以
三十二相觀如來不須菩提言如是如是以
三十二相觀如來佛言須菩提若以三十二
相觀如來者轉輪聖王則是如來

相觀如来尒時世尊而說偈言
若以色見我　以音聲求我　是人行邪道　不能見如来
須菩提汝若作是念如来不以具足相故得
阿耨多羅三藐三菩提須菩提莫作是念如
来不以具足相故得阿耨多羅三藐三菩提
須菩提汝若作是念發阿耨多羅三藐三菩
提者說諸法斷滅莫作是念何以故發阿耨
多羅三藐三菩提者於法不說斷滅相須菩
提若菩薩以滿恒河沙等世界七寶布施若
復有人知一切法无我得成於忍此菩薩勝
前菩薩所得功德須菩提以諸菩薩不受福
德故須菩提白佛言世尊云何菩薩不受福
德須菩提菩薩所作福德不應貪著是故說

德須菩提菩薩所作福德不應貪著是故說
不受福德須菩提若有人言如來若來若去
若坐若卧是人不解我所說義何以故如來
者无所從來亦无所去故名如來
須菩提若善男子善女人以三千大千世界
碎為微塵於意云何是微塵衆寧為多不甚
多世尊何以故若是微塵衆實有者佛則不
說是微塵衆所以者何佛說微塵衆則非微
塵衆是名微塵衆世尊如來所說三千大千
世界則非世界是名世界何以故若世界實
有者則是一合相如來說一合相則非一合
相是名一合相須菩提一合相者則是不可
說但凡夫之人貪著其事須菩提若人言佛
說我見人見衆生見壽者見須菩提於意云

說義何以故世尊說我見人見衆生見壽者
見即非我見人見衆生見壽者見是名我見
人見衆生見壽者見須菩提發阿耨多羅三
藐三菩提心者於一切法應如是知如是見
如是信解不生法相須菩提所言法相者如
来說即非法相是名法相須菩提若有人以
滿无量阿僧祇世界七寶持用布施若有善
男子善女人發菩薩心者持於此經乃至四
句偈等受持讀誦為人演說其福勝彼云何
為人演說不取於相如如不動何以故
一切有為法　如夢幻泡影　如露亦如電　應作如是觀
佛說是經已長老須菩提及諸比丘比丘尼
優婆塞優婆夷一切世間天人阿脩羅聞佛

BD00740　金剛般若波羅蜜經

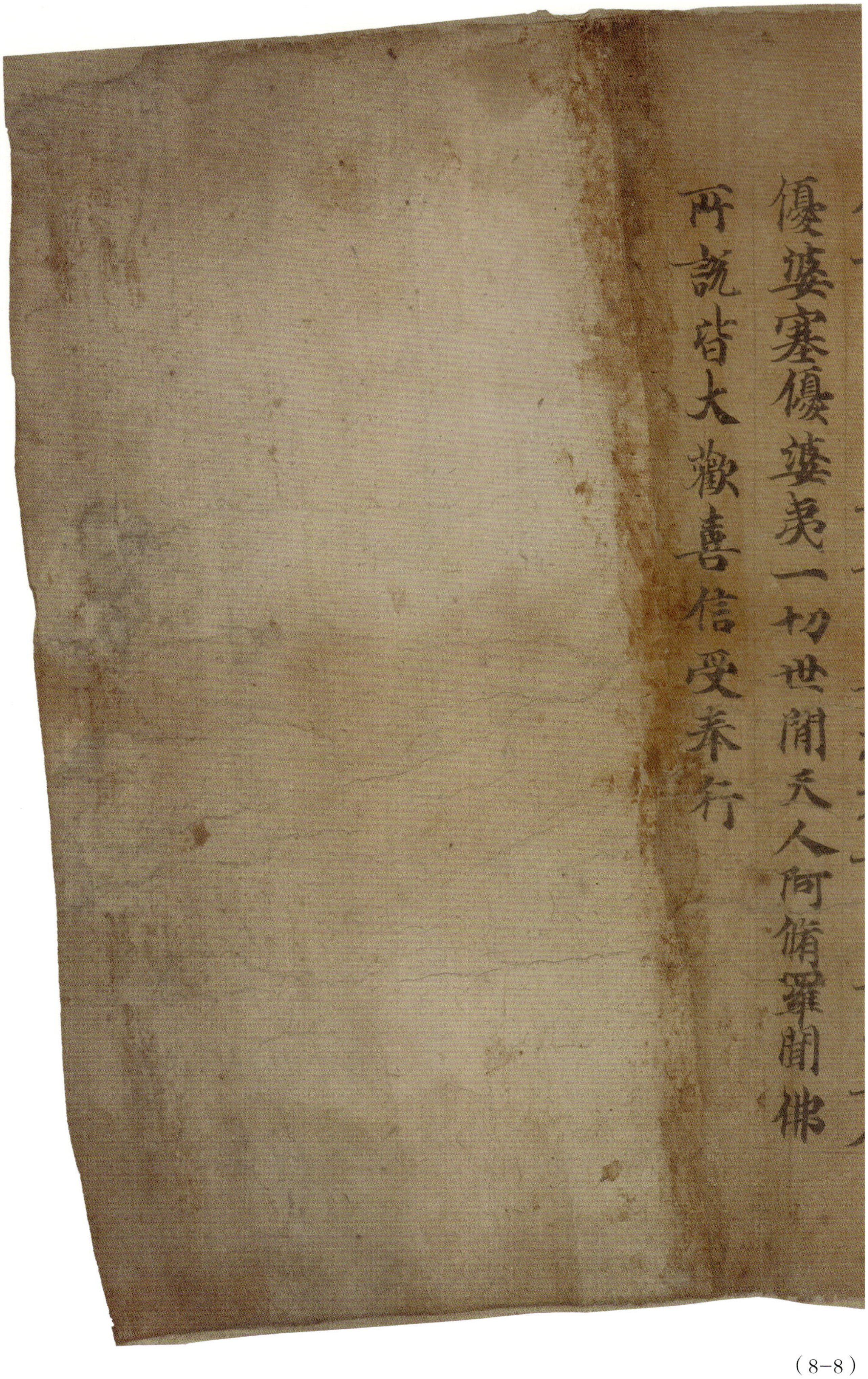

優婆塞優婆夷一切世間天人阿脩羅聞佛
所說皆大歡喜信受奉行

BD00741

四分律戒本疏卷三

沙門慧述

94.5cm × 26.8cm

故白擧教授尼之具緣通緣以上界緣有五一有少德行爲間全無德者
教授之義理不會善故无擧教授尼罪少謂極五説增五説有五法得教誡
尼謂十德中初三八九十等是雖備上德若穢僧善大自无過故次第二僧不善
雖不被善不作衆法雖教授誡雖已去自无犯故次第三集尼衆々集若説八
敬生過義微但得小罪故須第四説法除八敬第五随所説法言了便犯之下去
明戒本此戒因愛道尼來請教授佛令善往僧次難陀往彼説法説六群次往爲
説世論愛道白佛令羯磨而差因制戒　若比丘僧不差教授比丘尼者波逸
提　此滿足戒本文有四句一犯人二僧不差三擧往教授四結僧不差説法之罪
言比丘者義如上弁二若僧不差者律云僧中白二羯磨不差要具十德方始
成差少謂極五如增五中説三言擧往教授者律云説八不可違法如律者廣
説四言波逸提者是僧不差説法之罪若説餘法即得提罪若説八敬了尼常
聞故但得吉羅律云若於説戒時上座問答已若随尼請彼比丘尅時到尼々尅
時迎若遠但犯吉羅若聞來者當出半由旬迎供給所須不者吉羅若僧不
差非教授日与説八敬法若不差亦説法者直若僧病不和合衆不滿應遣
人礼拜問訊若尼衆病等亦遣礼拜問訊若不吉羅律云非日者前三後二不應
往也前三者説戒後三日後二者去後説戒二日雖復僧差此五日中不應往也

僧衆舉動避譏涉生人信敬日沒辟聚致外情疑容自壞行過損不輕故聖
以制　別緣有六一是僧差既去不差二集比丘尼衆三教授說法四日暮五日暮想六說
法不止便犯　已下兩緣戒本具此因起難陀教授尼至日暮不去出寺為俗所譏佛便
制戒　若比丘為僧教誡比丘尼乃至日暮者波逸提　此滿足戒本文有三句一犯人二為
僧所差三教授下說法過時結罪　言若比丘者如上二言僧差者白二羯磨差
令教授三言教授至日暮波逸提者是結罪句輕重文四一若至日暮教授提
五分云日沒語〃提〃若餘教授外授經〃若誦經等犯吉三〃若為餘女授經等至暮
一切吉羅四境想句吉　律云不犯者若教授至日未暮便休除婦女已為餘人
若誦讀受法尼自聽若與估價夜說若尼寺中若因人請值說便聽者一切
不犯　此戒就大僧寺教授有日暮罪尼不犯准此就僧尼二寺俱教尼
譏呵教授師戒第廿三　一制意者然倫德之人衆僧差遣至心教授情存為法
不悕飲食而見他得利內生嫉妒致云譏呵惱亂善事絕衆益損處不輕是故
聖制　別緣有六一是僧差二情存為法不悕飲食三生嫉妒心四發譏呵五言了〃
諍〃〃云前人聞知　已下兩緣戒本具此戒因尼迎授教師供給六群生嫉妒意言
彼充實但為飲食故教授尼比丘白佛〃便制戒　若比丘語諸比丘
為飲食故教授比丘尼波逸提　此滿足戒本文有三句一犯人二譏呵三結犯初句可知
二言譏呵者見他得利心生熱惱故起譏呵　三言波逸提者是結罪句律云若指

二二、譏訶者，見他得利，心生熱惱，故起譏訶。三言波逸提者，是犯罪名。律云：若比
上譏訶說了了提，不了了吉羅。不犯者，其事實尔，為飲食供養故教授，若戲
若錯說，並不犯。与非親尼衣戒卌。制意者，凡男女形殊，理无交親，无
緣取与事，招外譏，因交致染，容壞梵行，損敗不輕，是故聖制。別緣有四：
一是比丘尼，二非親里，三虛心与衣，四彼尼領受便犯。已下四闕戒本。此制因乞食
比丘与尼衣，後因嫌責，數向人說。比丘白佛，佛便訶制。若比丘与非親里比丘尼衣，
除貿易，波逸提。此謂之戒本文。有五句：一犯人，二非親里尼，三所与衣，四除貿易，
五結罪。上三可知。第三言衣者，有十種，如上。多論：應量衣，提；不應量，吉。鉢
名犯提，非應盋量、揵鎡等，吉。四言貿易者，義如上。下至藥草一斤相易，得。
五言波逸提者，結犯。律云：若二比丘共与一尼衣，或一衣与二尼，並犯提。多論
言犯吉。此律但言与尼提，与下眾吉。若依多論，与尼三眾俱犯提，義亦應然。
不同浣衣，癡事多少未制。又有希數。又律云：尼与大僧吉羅。若就希數，大僧
与希應犯輕罪，尼与義數，尼是下眾，奉於上尊，生憐義疑故，所以輕。不
犯者，此律云：若為料理功業，若為浣染，若為多誦經戒，与衣從衣，並不犯。此
律：与親尼衣，共貿易，若与塔、与佛、与僧，无犯。与非親里尼作衣戒第廿五。
制意同前，但作衣為異。別緣有五：一是比丘尼，二非親里，三自送衣遣比丘作，四无
因緣。律云：若借著浣染持還主，无犯。五隨所作便犯。已下四明戒本。此因迦留陀夷

四諸犯上三可知言波逸提者是遠犯罪故律云彼比丘乍〻少〻随一縫一鍼還道
問所以不待作成而随針得罪者何　答是由多過故示大僧上尊為下人
作衣多生染惹又招外譏廢修正業容作非法衣具斯諸過故随縫随針
得罪猶以尼造塔塼〻得罪此並過多故尓若復枝者牽挽熨治以手摩抇
若捉角頭挽方両安縁索〻綫〻一切吉羅　不犯者与親尼作若与僧作為塔
若繕著浣染治還主並用不犯　獨与尼在屏露坐戒第廿六　此戒過与安
人同室宿无異但屏坐為别　别緣有四一是尼二无第三人三在屏露二處四
共坐便犯　已下正明戒本此戒因迦留陀夷与偸蘭難陀尼鵄嬲手有欲意
在門外坐居士共〻嫌篤奪為譏比丘举過仏便制　若比丘尼在屏處坐者波逸
提　此蒲是戒本文有四句一犯人二尼三處四罪初二兩句可知三言屏處坐者律文屏
有二種一見屏若坐若霧烟雲黒闇不明見二聞屏處乃至不聞常語聲是屏
者屏〻僧无餘人故名屏處坐四言波逸提者是遠犯句律云比丘与尼屏露
无第三人為證故犯提　多論或比丘坐〻尼起已更坐随坐〻多少〻得提比丘起
而更坐一〻得罪若二人俱坐〻両犯一罪十云屏坐相去一丈提丈五吉二丈不犯祇云共
屏坐式叉尼請食已又益食益羹時〻提比丘應起不得嘿起使尼疑應語言
[illegible]不犯　多論屏處者无慚愧處可作婬處是名屏處律
云八三句吉羅若俱八吉生

BD00741　四分律戒本疏卷三

BD00742 維摩詰所説經卷中

（後秦）鳩摩羅什 譯

67cm × 25.5cm

生病是故我病若一切衆生得不病者則我
病滅所以者何菩薩為衆生故入生死有生
死則有病若衆生得離病者則菩薩无復
病譬如長者唯有一子其子得病父母亦病
若子病愈父母亦愈菩薩如是於諸衆生愛
之若子衆生病則菩薩病衆生病愈菩薩亦
愈又言是疾何所因起菩薩疾者以大悲起文
殊師利言居士此室何以空无侍者維摩詰
言諸佛國土亦復皆空又問以何為空荅曰
以空空又問空何用空荅曰以无分別空故
空又問空可分別耶荅曰分別亦空又問空
當於何求荅曰當於六十二見中求又問六
十二見當於何求荅曰當於諸佛解脫中

生心行中求又仁者所問何无侍者一切衆魔
及諸外道皆吾侍也所以者何衆魔者樂生
生死菩薩於生死而不捨外道者樂諸見菩
薩於諸見而不動文殊師利言居士所疾為
何等相維摩詰言我病无形不可見又問此
病身合耶心合耶答曰非身合身相離故亦
非心合心如幻故又問地大水大火大風大於
此四大何大之病答曰是病非地大亦不離
地大水火風大亦復如是而衆生病從四大
起以其有病是故我病
尒時文殊師利問維摩詰言菩薩應云何慰
喻有疾菩薩維摩詰言說身无常不說厭離
於身說身有苦不說樂於涅槃說身无我而

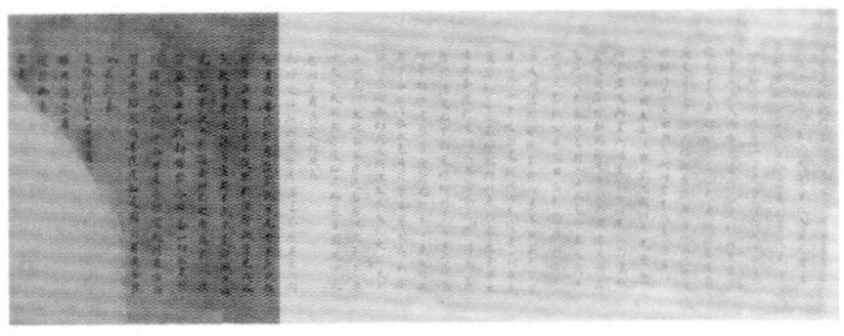

喻有疾菩薩維摩詰言說身无常不說猒離
於身說身有苦不說樂於涅槃說身无我而
說教導衆生說身空寂不說畢竟寂滅說悔
先罪而不說入於過去以己之疾愍於彼疾
當識宿世无數劫苦當念饒益一切衆生憶
所脩福念於淨命勿生憂惱常起精進當作
醫王療治衆病菩薩應如是慰喻有疾菩薩
令其歡喜
文殊師利言居士有[illegible]
維摩詰言有[illegible]
從前世妄
病者[illegible]

BD00743　佛母經

96.3cm × 24.7cm

耶夫人將諸天衆
莊嚴受諸快樂尒時佛
夜作六種不祥之夢□一者夢見
須彌山崩四大海水枯竭二者夢見師子來咬
我身兩乳自然流出三者夢見猛火來燒我
身四者夢見寶幢摧折幡華崩倒五者夢
見磨竭大魚吞噉衆生又見夜叉羅刹吸人精
氣六者夢見衆生如蜂失王惆悵漂走作此
夢已憂愁不樂尒時佛母說夢未了即見告
人優波離從空而來
尒時佛母口問聖人從何方而來太劇形容
憔悴面色无光狀似怯人復无威德尒時優

[illegible]
故使我来告諸眷屬願母早来礼敬三寶
尒時佛母聞是語已心生哀切痛苦苦渾
塠自撲狀如五須弥山崩遍躰血現如波羅奢
華悶絶躃地有一天女名曰芬茈以將冷水灑
面良久乃蘇
尒時摩耶夫人与諸天衆恭敬圍遶從忉利天
上頻身而下雙鏈雲飛直至娑羅林間忽見
如来在金棺銀槨殯殮已訖香木万束擬欲
焚身白氎千端以將纏繞十大弟子悲號震
天四果聖人摧身叩地乃至聲聞緣覺之類
金剛師子之流咸以五體自傷六情酸楚身
毛皆竪唯見鉢盂錫杖掛於林間僧伽離衣
[illegible]

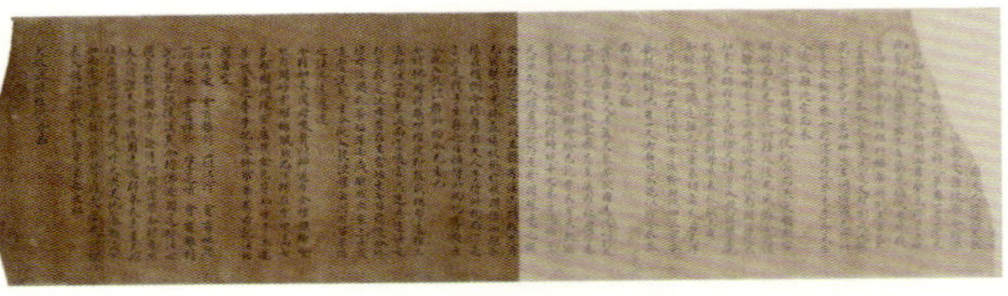

金剛師子之流咸以五體甪傷六情酸楚身
毛皆竪唯見鉢盂錫杖掛於林間僧伽離衣
掠在棺側尒時摩耶夫人手持此物而作是
言此是我子生存之日恒持此物化導衆生
今既入般涅槃此物今无主也
尒時佛母將頭叩棺便即散鬂搥胷遶棺三
匝却住一面𠆸淚而言嗳言悲達悲達汝是
我子我是汝母昔在王宫始生七日我便命終
姨母波闍乳養始年七歲踰城出家三十成
道覆護衆生今既入般涅槃云何不留半偈
之法悲達悲達
尒時如來聞母嗳聲以神通力金棺銀槨螢
然自開妙兜羅綿颯然而下踴在空中高七

[illegible]
聞皆空
一切恩愛　會有離別　一切江河　會有枯竭
一切叢林　會有摧折　母子之情　會有離別
說是語已便復沒矣尒時佛母聞是妙法心
開意解不轉女身證得阿羅漢果尒時摩耶
夫人將諸天衆前後圍遶還歸本天未至天所
住立虛空心生慈悲嗚呼大哭天地震動淚下
如雨雲中百鳥皆作哭聲痛哉苦哉何期如
來入般涅槃永不相見去也大師

大般涅槃經佛母品

大般涅槃經佛母品

BD00744 妙法蓮華經卷三

（後秦）鳩摩羅什 譯

BD00744v 妙法蓮華經卷三外題

178.6cm × 26.4cm

妙法蓮華經藥草喻品第五

尒時世尊告摩訶迦葉及諸大弟子善哉善
哉迦葉善說如來真實功德誠如所言如來
復有无量无邊阿僧祇功德汝等若於无量
億劫說不能盡迦葉當知如來是諸法之王
若有所說皆不虛也於一切法以智方便而
演說之其所說法皆悉到於一切智地如來
觀知一切諸法之所歸趣亦知一切眾生深
心所行通達无礙又於諸法究盡明了示諸
眾生一切智慧迦葉譬如三千大千世界山
川谿谷土地所生卉木藂林及諸藥草種類
若干名色各異密雲彌布遍覆三千大千世
界一時等澍其澤普洽卉木藂林及諸藥草
小根小莖小枝小葉中根中莖中枝中葉大

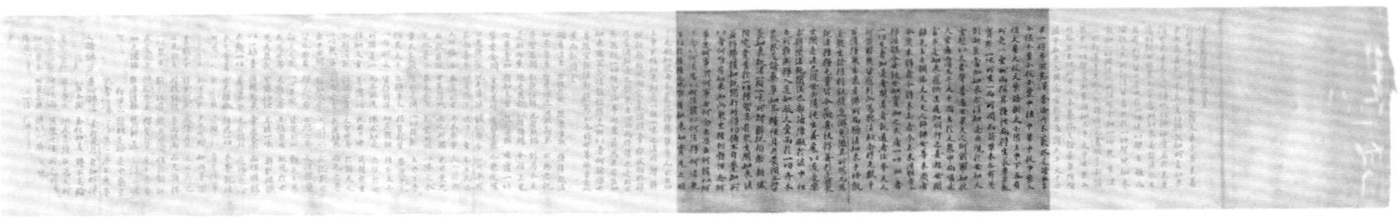

界一時等澍其澤普洽卉木叢林及諸藥草
小根小莖小枝小葉中根中莖中枝中葉大
根大莖大枝大葉諸樹大小隨上中下各有
所受一雲所雨稱其種性而得生長華菓敷
實雖一地所生一雨所潤而諸草木各有差
別迦葉當知如來亦復如是出現於世如大
雲起以大音聲普遍世界天人阿脩羅如彼
大雲遍覆三千大千國土於大衆中而唱是
言我是如來應供正遍知明行足善逝世間
解无上士調御丈夫天人師佛世尊未度者
令度未解者令解未安者令安未涅槃者令
得涅槃今世後世如實知之我是一切知者
一切見者知道者開道者說道者汝等天人

万億種衆生來至佛所而聽法如來于時觀
是衆生諸根利鈍精進懈怠隨其所堪而為
說法種種无量皆令歡喜快得善利是諸衆
生聞是法已現世安隱後生善處以道受樂
亦得聞法既聞法已離諸障礙於法中任
力所能漸得入道如彼大雲雨於一切卉木
叢林及諸藥草如其種性具足蒙潤各得生
長如來說法一相一味所謂解脫相離相滅
相究竟至於一切種智其有衆生聞如來法
若持讀誦如說修行所得功德不自覺知所
以者何唯有如來知此衆生種相體性念何
事思何事修何事云何念云何思云何修以何
法念以何法思以何法修以何法得何法衆
生住於種種之地唯有如來如實見之明

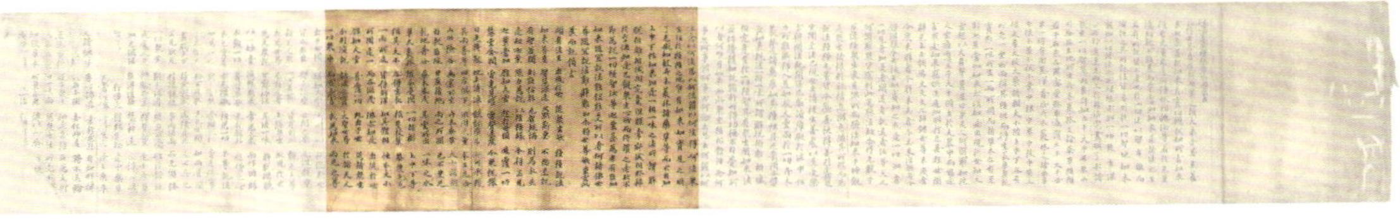

法念以何法思以何法脩以何法得何法衆
生住於種種之地唯有如来如實見之明
了无㝵如彼卉木蘩林諸藥草等而不自知
上中下性如来知是一相一味之法所謂解
脫相離相滅相究竟涅槃常寂滅相終歸
於空佛知是已觀衆生心欲而將護之是故不
即爲說一切種智汝等迦葉甚爲希有能知
如来隨宜說法能信能受所以者何諸佛世
尊隨宜說法難解難知尒時世尊欲重宣此
義而說偈言
破有法王　出現於世　隨衆生欲　種種說法
如来尊重　智慧深遠　久默斯要　不務速說
有智若聞　則能信解　无智疑悔　則爲永失
是故迦葉　隨力爲說　以種種緣　令得正見

慧雲含潤 電光晃曜 雷聲遠震 令衆悅豫
日光掩蔽 地上清涼 靉靆垂布 如可承攬
其雨普等 四方俱下 流澍无量 率土充洽
山川險谷 幽邃所生 卉木藥草 大小諸樹
百穀苗稼 甘蔗蒲桃 雨之所潤 无不豐足
乾地普洽 藥木並茂 其雲所出 一味之水
草木叢林 隨分受潤 一切諸樹 上中下等
稱其大小 各得生長 根莖枝葉 華菓光色
一雨所及 皆得鮮澤 如其體相 性分大小
所潤是一 而各滋茂 佛亦如是 出現於世
譬如大雲 普覆一切 既出于世 爲諸衆生
分別演說 諸法之實 大聖世尊 於諸天人
一切衆中 而宣是言 我爲如來 兩足之尊

分別演說　諸法之實　大聖世尊　於諸天人
一切衆中　而宣是言　我為如來　兩足之尊
出于世間　猶如大雲　充潤一切　枯槁衆生
皆令離苦　得安隱樂　世間之樂　及涅槃樂
諸天人衆　一心善聽　皆應到此　覲无上尊
我為世尊　无能及者　安隱衆生　故現於世
為大衆說　甘露淨法　其法一味　解脫涅槃
以一妙音　演暢斯義　常為大乘　而作因緣
我觀一切　普皆平等　无有彼此　愛憎之心
我无貪著　亦无限礙　恒為一切　平等說法
如為一人　衆多亦然　常演說法　曾无他事
去來坐立　終不疲猒　充足世間　如雨普潤
貴賤上下　持戒毀戒　威儀具足　及不具足

一切眾生　聞我法者　隨力所受　住於諸地
或處人天　轉輪聖王　釋梵諸王　是小藥草
知無漏法　能得涅槃　起六神通　及得三明
獨處山林　常行禪定　得緣覺證　是中藥草
求世尊處　我當作佛　行精進定　是上藥草
又諸佛子　專心佛道　常行慈悲　自知作佛
決定無疑　是名小樹　安住神通　轉不退輪
度無量億　百千眾生　如是菩薩　名為大樹
佛平等說　如一味雨　隨眾生性　所受不同
如彼草木　所稟各異　佛以此喻　方便開示
種種言辭　演說一法　於佛智慧
我

BD00744v　妙法蓮華經卷三外題

BD00745 妙法蓮華經卷二

（後秦）鳩摩羅什 譯

102.2cm×27.7cm

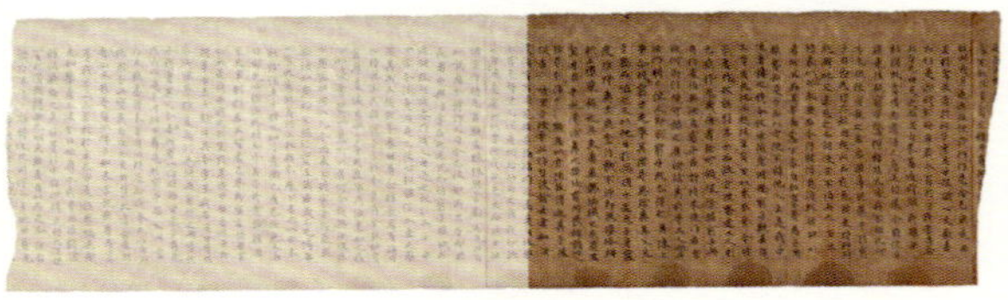

是念此或
處不如往至貧里肆力有地衣
住此或見逼迫強使我作作是念已疾走而
去時富長者於師子座見子便識心大歡喜
即作是念我財物庫藏今有所付我常思念
此子无由見之而忽自來甚適我願我雖年
朽猶故貪惜即遣傍人急追將還尒時使者
疾走往捉窮子驚愕稱怨大喚我不相犯何
為見捉使者執之逾急強牽將還于時窮
子自念无罪而被囚執此必定死轉更惶怖悶
絕躄地父遙見之而語使言不須此人勿強
將來以冷水灑面令得醒悟莫復與語所以
者何父知其子志意下劣自知豪貴為子所

使者語之我今放汝隨意所趣窮子歡喜得
未曾有從地而起往至貧里以求衣食尒時
長者將欲誘引其子而設方便密遣二人形
色憔悴无威德者汝可詣彼徐語窮子此
有作處倍與汝直窮子若許將來使作若言
欲何所作便可語之雇汝除糞我等二人亦共
汝作時二使人即求窮子既已得之具陳上
事尒時窮子先取其價尋與除糞其父見
子愍而怪之又以他日於窓牖中遙見子身羸
瘦憔悴糞土塵坌汙穢不淨即脫瓔珞細
軟上服嚴飾之具更著麤弊垢膩之衣塵土
坌身右手執持除糞之器狀有所畏語諸作
汝等勤作勿得懈息以方便故得近其子後
復告言咄男子汝常此作勿復餘去當知汝

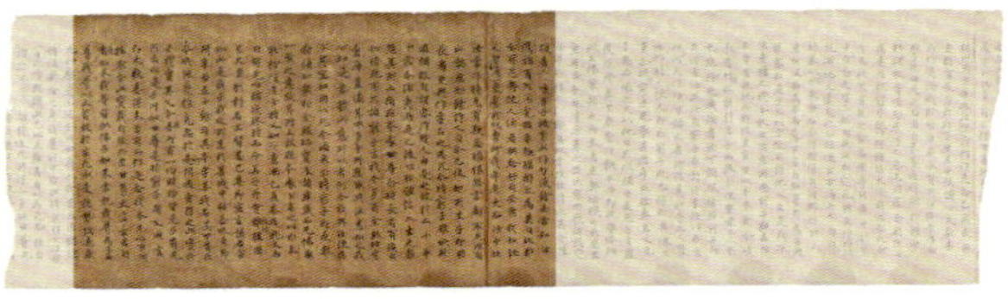

復告言咄男子汝常此作勿復餘去當知汝
價諸有所須瓮器米麵鹽醋之屬莫自疑難
亦有老弊使人須者相給好自安意我如汝
父勿復憂慮所以者何我年老大而汝少壯
汝常作時无有欺怠瞋恨怨言都不見汝有
此諸惡如餘作人自今已後如所生子即時
長者更與作字名之為兒尒時窮子雖欣此
遇猶故自謂客作賤人由是之故於二十年
中常令除糞過是已後心相體信入出无難
然其所止猶在本處世尊尒時長者有疾自
知將死不久語窮子言我今多有金銀珍寶
倉庫盈溢其中多少所應取與汝悉知之我
心如是當體此意所以者何今我與汝便為

敕領知衆物金銀珍寶及諸庫藏而無悕取
一飡之意然其所止故在本處下劣之心亦未
能捨復經少時父知子意漸已通泰成就大志
自鄙先心臨欲終時而命其子并會親族國
王大臣刹利居士皆悉已集即宣言諸君當
知此是我子我之所生於某城中捨吾逃走
跰辛苦五十餘年其本字某我名某甲昔在
本城懷憂推覓忽於此間遇會得之此實我
子我實其父今吾所有一切財物皆是子有先
所出內是子所知世尊是時窮子聞父此言
即大歡喜得未曾有而作是念我本无心有所
悕求今此寶藏自然而至世尊大富長者則
是如來我等皆似佛子如來常說我等為子世
尊我等以三苦故於生死中受諸熱惱迷惑

尊我等以三苦故於生死中受諸熱惱迷惑
无知樂著小法今日世尊令我等思惟蠲除
諸法戲論之糞我等於中勤加精進得至涅槃
一日之價既得此已心大歡喜自以為足而便自
謂於佛法中勤精進故所得弘多然世尊先
弊欲樂於小法便

BD00746 大般若波羅蜜多經卷七六

（唐）玄奘 譯

BD00746v 勘記

117.8cm × 25.7cm

故當知作意亦無實淨戒乃至般若波羅蜜
多無實故當知作意亦無實布施波羅蜜多
無自性故當知作意亦無自性淨戒乃至般
若波羅蜜多無自性故當知作意亦無自性
布施波羅蜜多空故當知作意亦空淨戒乃
至般若波羅蜜多空故當知作意亦空布施
波羅蜜多遠離故當知作意亦遠離淨戒乃
至般若波羅蜜多遠離故當知作意亦遠離
布施波羅蜜多寂靜故當知作意亦寂靜淨
戒乃至般若波羅蜜多寂靜故當知作意亦
寂靜布施波羅蜜多無覺知故當知作意亦
無覺知淨戒乃至般若波羅蜜多無覺知故
當知作意亦無覺知

靜慮無實故當知作意亦無實四無量四無
色定無實故當知作意亦無實四靜慮無自
性故當知作意亦無自性四無量四無色定
無自性故當知作意亦無自性四靜慮空故
當知作意亦空四無量四無色定空故當知
作意亦空四靜慮遠離故當知作意亦遠離
四無量四無色定遠離故當知作意亦遠離
四靜慮寂靜故當知作意亦寂靜四無量四
無色定寂靜故當知作意亦寂靜四靜慮無
覺知故當知作意亦無覺知四無量四無色
定無覺知故當知作意亦無覺知
舍利子八解脫非有故當知作意亦非有八
勝處九次第定十遍處非有故當知作意亦
非有八解脫無實故當知作意亦無實八

舍利子八解脫非有故當知作意亦非有八
勝處九次第定十遍處非有故當知作意亦
非有八解脫無實故當知作意亦無實八勝
處九次第定十遍處無實故當知作意亦無
實八解脫無自性故當知作意亦無自性八勝
處九次第定十遍處無自性故當知作意亦
無自性八解脫空故當知作意亦空八勝處
九次第定十遍處空故當知作意亦空八解
脫遠離故當知作意亦遠離八勝處九次第
定十遍處遠離故當知作意亦遠離八解
脫寂靜故當知作意亦寂靜八勝處九次第
定十遍處寂靜故當知作意亦寂靜八解脫
無覺知故當知作意亦無覺知八勝處九次
第定十遍處無覺知故當知作意亦無覺知

非有故當知作意亦非有四念住無實故當
知作意亦無實四正斷乃至八聖道支無實
故當知作意亦無實四念住無自性故當知
作意亦無自性四正斷乃至八聖道支無自
性故當知作意亦無自性四念住空故當知
作意亦空四正斷乃至八聖道支空故當知
作意亦空四念住遠離故當知作意亦遠離
四正斷乃至八聖道支遠離故當知作意亦
遠離四念住寂靜故當知作意亦寂靜四正
斷乃至八聖道支寂靜故當知作意亦寂靜
四念住無覺知故當知作意亦無覺知四正
斷乃至八聖道支無覺知故當知作意亦無
覺知

斷乃至八聖道支無覺知故當知作意亦無
覺知
舍利子空解脫門非有故當知作意亦非有
無相無願解脫門非有故當知作意亦非有
空解脫門無實故當知作意亦無實無相無
願解脫門無實故當知作意亦無實空解脫
門無自性故當知作意亦無自性無相無願
解脫門無自性故當知作意亦無自性空解
脫門空故當知作意亦空無相無願解脫門
空故當知作意亦空空解脫門遠離故當知
作意亦遠離無相無願解脫門遠離故當知
作意亦遠離空解脫門寂靜故當知作意亦
寂靜無相無願解脫門寂靜故當知作意亦
[illegible]

無覺知

BD00746v　勘記

BD00747 妙法蓮華經卷六

（後秦）鳩摩羅什 譯

1063cm × 26.7cm

男子善女人聞是法華經隨喜者得幾所福
而說偈言
世尊滅度後　其有聞是經　若能隨喜者　為得幾所福
尒時佛告弥勒菩薩摩訶薩阿逸多如來滅
後若比丘比丘尼優婆塞優婆夷及餘智者
若長若幼聞是經隨喜已從法會出至於餘
處若在僧坊若空閑地若城邑巷陌聚落田
里如其所聞為父母宗親善友知識隨力演
說是諸人等聞已隨喜復行轉教餘人聞已
亦隨喜轉教如是展轉至第五十阿逸多其
第五十善男子善女人隨喜功德我今說之
汝當善聽若四百万億阿僧祇世界六趣四
生衆生卵生胎生濕生化生若有形无形有

之具皆給與之一一衆生與滿閻浮提金銀
琉璃車渠馬瑙珊瑚虎珀諸妙珎寶及象
馬車乘七寶所成宮殿樓閣等是大施主如
是布施滿八十年已而作是念我已施衆生娛
樂之具隨意所欲然此衆生皆已衰老年過
八十髮白面皺將死不久我當以佛法而訓導
之即集此衆生宣布法化示教利喜一時皆
得須陁洹道斯陁含道阿那含道阿羅漢
道盡諸有漏於深禪定皆得自在具八解脫
於汝意云何是大施主所得功德寧為多不
彌勒白佛言世尊是人功德甚多无量无邊
若是施主但施衆生一切樂具功德无量
何況令得阿羅漢果佛告彌勒我今分明語

何况令得阿羅漢果佛告弥勒我今分明語
汝是人以一切樂具施於四百万億阿僧祇世
界六趣衆生又令得阿羅漢果所得功德
不如是第五十人聞法華經一偈隨喜功德
百分千分百千万億分不及其一乃至筭數
譬喻所不能知阿逸多如是第五十人展轉
聞法華經隨喜功德尚无量无邊阿僧祇何
况最初於會中聞而隨喜者其福復勝无量
无邊阿僧祇不可得比阿逸多若人為是經
故往詣僧坊若坐若立須臾聽受緣是功
德轉身所生得好上妙象馬車乘珎寶輦轝
及乘天宮若復有人於講法處坐更有人来
勸令坐聽若分座令坐是人功德轉身得帝

逸多若復有人語餘人言有經名法華可共
往聽即受其教乃至須臾間聞是人功德轉
身得與陁羅尼菩薩共生一處利根智慧百
千万世終不瘖瘂口氣不臭舌常无病口
亦无病齒不垢黑不黄不踈亦不缺落不差
不曲脣不下垂亦不褰縮不麁澀不瘡胗亦
不缺壞亦不喎斜不厚不大亦不黧黑无諸
可惡鼻不匾㔸亦不曲戾面色不黑亦不狹
長亦不窊曲无有一切不可憙相脣舌牙齒
悉皆嚴好鼻脩高直面貌圓滿眉高而長額
廣平正人相具足世世所生見佛聞法信受教
誨阿逸多汝且觀是勸於一人令往聽法
功德如此何況一心聽説讀誦而於大衆為人

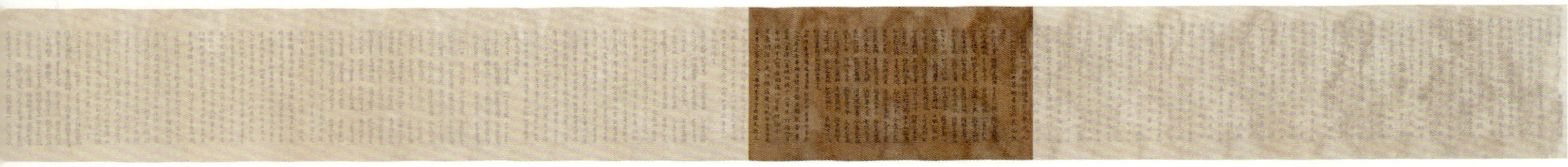

功德如此何況一心聽說讀誦而於大衆為人
分别如說脩行尒時世尊欲重宣此義而說
偈言
若人於法會 得聞是經典 乃至於一偈 隨喜為他說
如是展轉教 至于苐五十 冣後人獲福 今當分别之
如有大施主 供給无量衆 具滿八十歲 隨意之所欲
見彼衰老相 髮白而面皺 齒踈於枯竭 涅槃真實法
我今應當教 令得於道果 即為方便說 涅槃真實法
世皆不牢固 如水沫泡焰 汝等咸應當 疾生猒離心
諸人聞是法 皆得阿羅漢 具足六神通 三明八解脫
冣後苐五十 聞一偈隨喜 是人福勝彼 不可為譬喻
如是展轉聞 其福尚无量 何況於法會 初聞隨喜者
若有勸一人 將引聽法華 言此經深妙 千万劫難遇
…受教往… 須臾聞 斯人之福報 今當…說

世世无口患　齒不踈黃黑　脣不厚寋缺　无有可惡相
舌不乾黑短　鼻高脩且直　額廣而平正　面目悉端嚴
為人所喜見　口氣无臭穢　優鉢華之香　常從其口出
若故詣僧坊　欲聽法華經　須臾聞歡喜　今當說其福
後生天人中　得妙像馬車　珍寶之輦轝　及乘天宮殿
若於講法處　勸人坐聽經　是福因緣得　釋梵轉輪王
何況一心聽　解說其義趣　如說而脩行　其福不可限

妙法蓮華經法師功德品第十九

尒時佛告常精進菩薩摩訶薩若善男子善女人受持是法華經若讀若誦若解說若書寫是人當得八百眼功德千二百耳功德八百鼻功德千二百舌功德八百身功德千二百意功德以是功德莊嚴六根皆令清淨是善男子善女人父母所生清淨肉眼見於三

善男子善女人父母所生清淨肉眼見於三千大千世界內外所有山林河海下至阿鼻地獄上至有頂亦見其中一切衆生及業因緣果報生處悉見悉知尒時世尊欲重宣此義而說偈言

若於大衆中　以无所畏心　說是法華經　汝聽其功德
是人得八百　功德殊勝眼　以是莊嚴故　其目甚清淨
父母所生眼　悉見三千界　內外彌樓山　須彌及鐵圍
并諸餘山林　大海江河水　下至阿鼻獄　上至有頂處
其中諸衆生　一切皆悉見　雖未得天眼　肉眼力如是

復次常精進若善男子善女人受持此經若讀若誦若解說若書寫得千二百耳功德以是清淨耳聞三千大千世界下至阿鼻地獄

聲牛聲車聲啼哭聲愁歎聲螺聲鼓聲
鈴聲咲聲語聲男聲女聲童子聲童女聲
法聲非法聲苦聲樂聲凡夫聲聖人聲喜聲
不喜聲天聲龍聲夜叉聲乾闥婆聲阿修羅聲
聲迦樓羅聲緊那羅聲摩睺羅伽聲火聲水
聲風聲地獄聲畜生聲餓鬼聲比丘聲比丘尼
聲聲聞聲辟支佛聲菩薩聲佛聲以要言之
三千大千世界中一切内外所有諸聲雖未得
天耳以父母所生清淨常耳皆悉聞知如是
分別種種音聲而不壞耳根尒時世尊欲重
宣此義而說偈言
父母所生耳　清淨无濁穢　以此常耳聞　三千世界聲
象馬車牛聲　鍾鈴螺鼓聲　琴瑟箜篌聲　簫笛之音聲
清淨好歌聲　聽之而不著　无數種人聲　聞悉能解了

象馬車牛聲　鍾鈴螺鼓聲　琴瑟箜篌聲　簫笛之音聲
清淨好歌聲　聽之而不著　无數種人聲　聞悉能解了
又聞諸天聲　微妙之歌音　及聞男女聲　童男童女聲
山川嶮谷中　迦陵頻伽聲　命命等諸鳥　悉聞其音聲
地獄衆苦痛　種種楚毒聲　餓鬼飢渴逼　求索飲食聲
諸阿脩羅等　居在大海邊　自共語言時　出于大音聲
如是說法者　安住於此間　遥聞是衆聲　而不壞耳根
十方世界中　禽獸鳴相呼　其說法之人　於此悉聞之
其諸梵天上　光音及遍淨　乃至有頂天　言語之音聲
法師住於此　悉皆得聞之　一切比丘衆　及諸比丘尼
若讀誦經典　若為他人說　法師住於此　悉皆得聞之
復有諸菩薩　讀誦於經法　若為他人說　撰集解其義
如是諸音聲　悉皆得聞之　諸佛大聖尊　教化衆生者

三千大千界　內外諸音聲　下至阿鼻獄　上至有
皆聞其音聲　而不壞耳根　其耳聰利故　悉能分別知
持此法華者　雖未得天耳　但用所生耳　功德已如是
復次常精進菩薩子善女人受持是經若讀
若誦若解說若書寫成就八百鼻功德以是
清淨鼻根聞於三千大千世界上下內外
種種諸香須曼那華香闍提華香末利華香
瞻蔔華香波羅羅華香赤蓮華香清淨華香
白蓮華香華樹香菓樹香栴檀香沈水香多
摩羅跋香多伽羅香及千万種和香若末若
丸若塗香持是經者於此間住悉能分別又
復別知衆生之香象香馬香牛羊等香男香
女香童子香童女香及草木叢林香若近若
遠所有諸香悉皆得聞分別不錯持是經者

遠所有諸香悉皆得聞分別不錯持是經者
雖住於此亦聞天上諸天之香波利質多羅
拘鞞陀羅樹香及曼陀羅華香摩訶曼陀羅
華香曼殊沙華香摩訶曼殊沙華香栴檀
沉水種種末香諸雜華香如是等天香和合
所出之香无不聞知又聞諸天身香釋提桓因
在勝殿上五欲娛樂嬉戲時香若在妙法堂
上爲忉利諸天説法時香若於諸園遊戲時
香及餘天等男女身香皆悉遥聞如是展轉
乃至梵世上至有頂諸天身香亦皆聞之并
聞諸天所燒之香及聲聞香辟支佛香菩薩
香諸佛身香亦皆遥聞知其所在雖聞此
香然於鼻根不壞不錯若欲分別爲他人説憶
念不謬爾時世尊欲重宣此義而説偈言

須曼那闍提　多摩羅栴檀　沈水及桂香　種種華菓香
及知衆生香　男子女人香　説法者遠住　聞香知所在
大勢轉輪王　小轉輪及子　群臣諸宮人　聞香知所在
身所著珎寶　及地中寶藏　轉輪王寶女　聞香知所在
諸人嚴身具　衣服及瓔珞　種種所塗香　聞則知其身
諸天若行坐　遊戲及神變　持是法華者　聞香悉能知
諸樹華菓實　及蘇油香氣　持經者住此　悉知其所在
諸山深嶮處　栴檀樹華敷　衆生在中者　聞香皆能知
鐵圍山大海　地中諸衆生　持經者聞香　悉知其所在
阿脩羅男女　及其諸眷屬　鬪諍遊戲時　聞香皆能知
曠野嶮隘處　師子象虎狼　野牛水牛等　聞香知所在
若有懷妊者　未辯其男女　无根及非人　聞香悉能知
以聞香力故　知其初懷妊　成就不成就　安樂産福子

以聞香力故　知其初懷任　成就不成就　安樂產福子
以聞香力故　知男女所念　染欲癡恚心　亦知脩善者
地中眾伏藏　金銀諸珎寶　銅器之所盛　聞香悉能知
種種諸瓔珞　无能識其價　聞香知貴賤　出處及所在
天上諸華等　曼陁曼殊沙　波利質多樹　聞香悉能知
天上諸宮殿　上中下差別　眾寶華莊嚴　聞香悉能知
天園林勝殿　諸觀妙法堂　在中而娛樂　聞香悉能知
諸天若聽法　或受五欲時　來往行坐卧　聞香悉能知
天女所着衣　好華香莊嚴　周旋遊戲時　聞香悉能知
如是展轉上　乃至於梵世　入禪出禪者　聞香悉能知
光音遍淨天　乃至于有頂　初生及退沒　聞香悉能知
諸比丘眾等　於法常精進　若坐若經行　及讀誦經者
或在林樹下　專精而坐禪　持經者聞香　悉知其所在

在在方世尊　一切所恭敬　愍衆而說法　聞香悉能知
衆生在佛前　聞經皆歡喜　如法而脩行　聞香悉能知
雖未得菩薩　无漏法生鼻　而是持經者　先得此鼻相
復次常精進若善男子善女人受持是經若讀
若誦若解說若書寫得千二百舌功德若好若
醜若美不美及諸苦澁物在其舌根皆變
成上味如天甘露无不美者若以舌根於大衆
中有所演說出深妙聲能入其心皆令歡
喜快樂又諸天子天女釋梵諸天聞是深
妙音聲有所演說言論次第皆悉來聽及諸
龍龍女夜叉夜叉女乾闥婆乾闥婆女阿脩
羅阿脩羅女迦樓羅迦樓羅女緊那羅緊那
羅女摩睺羅伽摩睺羅伽女為聽法故皆來
親近恭敬供養及比丘比丘尼優婆塞優婆

親近恭敬供養及比丘比丘尼優婆塞優婆
夷國王王子群臣眷屬小轉輪王大轉輪王
七寶千子內外眷屬乘其宮殿俱來聽法以
是菩薩善說法故婆羅門居士國內人民盡
其形壽隨侍供養又諸聲聞辟支佛菩薩諸
佛常樂見之是人所在方面諸佛皆向其處
說法悉能受持一切佛法又能出於深妙法
音尒時世尊欲重宣此義而說偈言
是人舌根淨　終不受惡味　其有所食噉　悉皆成甘露
以深淨妙聲　於大眾說法　以諸因緣喻　引導眾生心
聞者皆歡喜　設諸上供養　諸天龍夜叉　及阿脩羅等
皆以恭敬心　而共來聽法　是說法之人　若欲以妙音
遍滿三千界　隨意即能至　大小轉輪王　及千子眷屬

而以歡喜心　常樂來供養　梵天王魔王　自在大自在

如是諸天衆　常來至其所　諸佛及弟子　聞其說法音

常念而守護　或時為現身

復次常精進若善男子善女人受持是經若

讀若誦若解說若書寫得八百身功德得清

淨身如淨琉璃衆生憙見其身淨故三千大

千世界衆生生時死時上下好醜善處惡處

悉於中現及鐵圍山大鐵圍山彌樓山摩

訶彌樓山等諸山及其中衆生悉於中現下

至阿鼻地獄上至有頂所有及衆生悉於中

現若聲聞辟支佛菩薩諸佛說法皆於中中

現其色像爾時世尊欲重宣此義而說偈言

若持法華者　其身甚清淨　如彼淨琉璃　衆生皆憙見

又如淨明鏡　悉見諸色像　菩薩於淨身　皆見世所有

唯獨自明了　餘人所不見

又如淨明鏡　悉見諸色像　菩薩於淨身　皆見世所有
唯獨自明了　餘人所不見　三千世界中　一切諸群萌
天人阿脩羅　地獄鬼畜生　如是諸色像　皆於身中現
諸天等宮殿　乃至於有頂　鐵圍及彌樓　摩訶彌樓山
諸大海水等　皆於身中現　諸佛及聲聞　佛子菩薩等
若獨若在衆　說法悉皆現　雖未得无漏　法性之妙身
以清淨常體　一切於中現
復次常精進若善男子善女人如来滅後受
持是經若讀若誦若解說若書寫得千二百
意功德以是清淨意根乃至聞一偈一句通
達无量无邊之義解是義已能演說一句一
偈至於一月四月乃至一歲諸所說法隨其

六趣衆生心之所行心所動作心所戲論皆悉知之雖未得无漏智慧而其意根清淨如此是人有所思惟籌量言說皆是佛法无不真實亦是先佛經中所說尒時世尊欲重宣此義而說偈言

是人意清淨　明利无穢濁　以此妙意根　知上中下法
乃至聞一偈　通達无量義　次第如法說　月四月至歲
是世界內外　一切諸衆生　若天龍及人　夜叉鬼神等
其在六趣中　所念若干種　持法華之報　一時皆悉知
十方无數佛　百福莊嚴相　為衆生說法　悉聞能受持
思惟无量義　說法亦无量　終始不忘錯　以持法華故
悉知諸法相　隨義識次第　達名字語言　如所知演說
此人有所說　皆是先佛法　以演此法故　於衆无所畏

此人有所說　皆是先佛法　以演此法故　於衆无所畏
持法華經者　意根淨若斯　雖未得无漏　先有如是相
是人持此經　安住希有地　爲一切衆生　歡喜而愛敬
能以千万種　善巧之語言　分別而說法　持法華經故

妙法蓮華經常不輕菩薩品第二十

尒時佛告得大勢菩薩摩訶薩汝今當知若
比丘比丘尼優婆塞優婆夷持法華經者若
有惡口罵詈誹謗獲大罪報如前所說其所
得功德如向所說眼耳鼻舌身意清淨得大
勢乃往古昔過无量无邊不可思議阿僧祇
劫有佛名威音王如來應供正遍知明行足
善逝世間解无上士調御丈夫天人師佛世
尊劫名離衰國名大成其威音王佛於彼世
中爲天人阿脩羅說法爲求聲聞者說應四

說應十二因緣法爲諸菩薩因阿耨多羅三
藐三菩提說應六波羅蜜法究竟佛慧得大
勢是威音王佛壽四十万億那由他恒河沙
劫正法住世劫數如一閻浮提微塵像法住
世劫數如四天下微塵其佛饒益衆生已然
後滅度正法像法滅盡之後於此國土復有
佛出亦号威音王如来應供正遍知明行足
善逝世間解无上士調御丈夫天人師佛世
尊如是次第有二万億佛皆同一号最初威
音王如来既已滅度正法滅後於像法中增
上慢比丘有大勢力尒時有一菩薩比丘名
常不輕得大勢以何因緣名常不輕是比丘
凡有所見若比丘比丘尼優婆塞優婆夷皆

凡有所見若比丘比丘尼優婆塞優婆夷皆
悉礼拜讚嘆而作是言我深敬汝等不敢輕
慢所以者何汝等皆行菩薩道當得作佛而
是比丘不專讀誦經典但行礼拜乃至遠見四
衆亦復故往礼拜讚嘆作作是言我不敢輕
於汝等汝等皆當作佛四衆之中有生
瞋恚心不淨者惡口罵詈是无智比丘從
何所來自言我不輕汝而與我等受記當得
作佛我等不用如是虛妄受記如此經歷多
年常被罵詈不生瞋恚常作是言汝當作佛
說是語時衆人或以杖木瓦石而打擲之避
走遠住猶高聲唱言我不敢輕汝汝等皆
當作佛以其常作是語故增上慢比丘比

臨欲終時於虛空中具聞威音王佛先所說
法華經二十千万億偈悉能受持即得如上
眼根清淨耳鼻舌身意根清淨得六根清
淨已更增壽命二百万億那由他歲廣為人
說是法華經於時增上慢四衆比丘比丘尼優
婆塞優婆夷輕賤是人為作不輕名者見其
得大神通力樂說辯力大善寂力聞其所說
皆信伏隨從是菩薩復化千万億衆令住
阿耨多羅三藐三菩提命終之後得值二千
億佛皆号日月燈明於其法中說是法華經
以是因緣復值二千億佛同号雲自在燈王
於此諸佛法中受持讀誦為諸四衆說此經
典故得是常眼清淨耳鼻舌身意諸根清
淨於四衆中說法心无所畏得大勢是常不

典故得是常眼清淨耳鼻舌身意諸根清
淨於四衆中說法心无所畏得大勢是常不
經菩薩摩訶薩供養如是若干諸佛恭敬
尊重讚嘆種諸善根於後復值千万億佛亦於
諸佛法中說是經典功德成就當得作佛得
大勢於意云何尒時常不輕菩薩豈異人乎
則我身是若我於宿世不受持讀誦此經爲他
人說者不能疾得阿耨多羅三藐三菩提我
於先佛所受持讀誦此經爲人說故疾得阿
耨多羅三藐三菩提得大勢彼時四衆比丘
比丘尼優婆塞優婆夷以瞋恚意輕賤我故
二百億劫常不值佛不聞法不見僧千劫於
阿鼻地獄受大苦惱畢是罪已復遇常不輕
菩薩教化阿耨多羅三藐三菩提得大勢

汝意云何尒時四衆常輕是菩薩者豈異人
乎今此會中跋陁婆羅等五百菩薩師子月
等五百比丘尼思佛等五百優婆塞皆於阿
耨多羅三藐三菩提不退轉者是得大勢當
知是法華經大饒益諸菩薩摩訶薩能令人
於阿耨多羅三藐三菩提故諸菩薩摩訶
薩於如來滅後常應受持讀誦解說書寫是
經尒時世尊欲重宣此義而說偈言
過去有佛　号威音王　神智无量　將導一切
天人神　所共供養　是佛滅後　法欲盡時
有一菩薩　名常不輕　時諸四衆　計著於法
不輕菩薩　往到其所　而語之言　我不輕汝
汝等行道　皆當作佛　諸人聞已　輕毀罵詈
不輕菩薩　能忍受之　其罪畢已　臨命終時
得聞此經　六根清淨　神通力故　增益壽命

汝等行道　皆當作佛　諸人聞已　輕毀罵詈
不輕菩薩　能忍受之　其罪畢已　臨命終時
得聞此經　六根清淨　神通力故　增益壽命
復爲諸人　廣說是經　諸著法衆　皆蒙菩薩
教化成就　令住佛道　不輕命終　值无數佛
說是經故　得无量福　漸具功德　疾成佛道
彼時不輕　則我身是　時四部衆　著法之者
聞不輕言　汝當作佛　以是因緣　值无數佛
此會菩薩　五百之衆　并及四部　清信士女
今於我前　聽法者是　我於前世　勸是諸人
聽受斯經　第一之法　開示教人　令住涅槃
世世受持　如是經典　億億万劫　至不可議
時乃得聞　是法華經　億億万劫　至不可議
諸佛世尊　時說是經　是故行者　於佛滅後
聞如是經　勿生疑惑　應當一心　廣說此經

世世值佛　疾成佛道
妙法蓮華經如來神力品第二十一
尒時千世界微塵等菩薩摩訶薩從地踊出
者皆於前一心合掌瞻仰尊顔而白佛言
世尊我等於佛滅後世尊分身所在國土滅
度之處當廣說此經所以者何我等亦自欲
得是真淨大法受持讀誦解說書寫而供養
之尒時世尊於文殊師利等无量百千万億
舊住娑婆世界菩薩摩訶薩及諸比丘比丘
尼優婆塞優婆夷天龍夜叉乾闥婆阿脩羅
迦樓羅緊那羅摩睺羅伽人非人等一切衆
前現大神力出廣長舌上至梵世一切毛孔
放於无量无數色光皆悉遍照十方世界衆
寶樹下師子座上諸佛亦復如是出廣長

放於无量无數色光皆悉遍照十方世界衆
寶樹下師子座上諸佛亦復如是出廣長
舌放无量光釋迦牟尼佛及寶樹下諸佛現神
力時滿百千歲然後還攝舌相一時謦欬俱
共彈指是二音聲遍至十方諸佛世界地皆
六種震動其中衆生天 龍夜叉乾闥婆阿
脩羅迦樓羅緊那羅摩睺羅伽人非人等以佛
神力故皆見此娑婆世界无量无邊百千万
億衆寶樹下師子座上諸佛及見釋迦牟尼
佛共多寶如來在寶塔中坐師子座又見无
量无邊百千万億菩薩摩訶薩及諸四衆恭
敬圍繞釋迦牟尼佛既見已皆大歡 喜 得
未曾有即時諸天於虛空中高聲唱言過此
无量无邊百千万億阿僧祇世界有國名娑

婆是中有佛名釋迦牟尼今爲諸菩
薩說大乘經名妙法蓮華教菩薩法佛所護
念汝等當深心隨喜亦當礼拜供養釋迦牟
尼佛彼諸衆生聞虛空中聲已合掌向娑婆
世界作如是言南无釋迦牟尼佛南无釋迦
牟尼佛以種種華香瓔珞幡蓋及諸嚴身之
具珎寶妙物皆共遙散娑婆世界所散諸物
從十方來譬如雲集變成寶帳遍覆此間諸
佛之上于時十方世界通達无礙如一佛土尒
時佛告上行等菩薩大衆諸佛神力如是
无量无邊不可思議若我以是神力於无量
无邊百千万億阿僧祇劫爲囑累故說此經
功德猶不能盡以要言之如來一切所有之法
如來一切自在神力如來一切秘要之藏如

BD00747　妙法蓮華經卷六

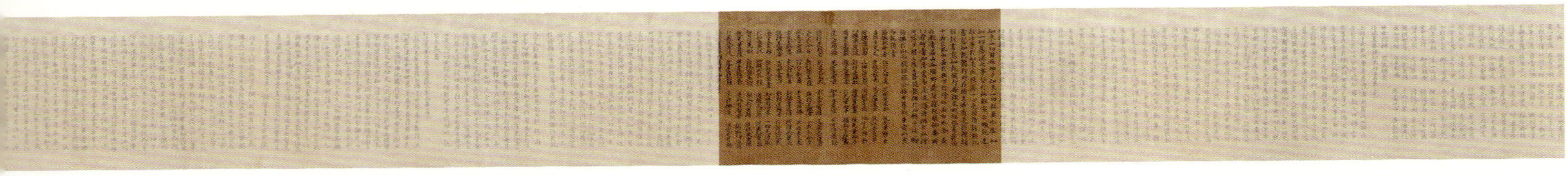

以要言之如来一切所有之法
如来一切自在神力如来一切秘要之藏如
如一切甚深之事皆於此經宣示顯說是
故汝等於如来滅後應一心受持讀誦解說
書寫如說脩行所在國土若有受持讀誦
解說書寫如說脩行若經卷所住之處若於園
中若於林中若於樹下於僧坊若白衣舍 若
在殿堂若山谷曠野是皆應起塔供養所
以者何當知是處即是道場諸佛於此得
阿耨多羅三藐三菩提諸佛於此轉于法輪
諸佛於此而般涅槃尒時世尊欲重宣此義
而說偈言
諸佛救世者　住於大神通　為悅衆生故　現无量神力
舌相至梵天　身放无數光　為求佛道者　現此希有事
諸佛謦欬聲　及彈指之聲　周聞十方國　地皆六種動

以佛滅度後　能持是經故　諸佛皆歡喜　現无量神力

囑累是經故　讚美受持者　於无量劫中　猶故不能盡

是人之功德　无邊无有窮　如十方虛空　不可得邊際

能持是經者　則為已見我　亦見多寶佛　及諸分身者

又見我今日　教化諸菩薩　能持是經者　令我及分身

滅度多寶佛　一切皆歡喜　十方現在佛　并過去未來

亦見亦供養　亦令得歡喜　諸佛坐道場　所得祕要法

能持是經者　不久亦當得　能持是經者　於諸法之義

名字及言辭　樂說无窮盡　如風於空中　一切无障礙

於如來滅後　知佛所說經　因緣及次苐　隨義如實說

如日月光明　能除諸幽冥　斯人行世間　能滅衆生闇

教无量菩薩　畢竟住一乘　是故有智者　聞此功德利

於我滅度後　應受持斯經　是人於佛道　決定无有疑

妙法蓮華經囑累品第二十二

於我滅度後　應受持斯經　是人於佛道　決定无有疑

妙法蓮華經囑累品第二十二

尒時釋迦牟尼佛從法座起現大神力以右手
摩无量菩薩摩訶薩頂而作是言我於无
量百千万億阿僧祇劫脩習是難得阿耨多
羅三藐三菩提法今以付囑汝等汝等應當
一心流布此法廣令增益如是三摩諸菩薩
摩訶薩頂而作是言我於无量百千万億
阿僧祇劫脩習是難得阿耨多羅三藐三菩提
法今以付囑汝等汝等當受持讀誦廣宣此
法令一切衆生普得聞知所以者何如來有
大慈悲无諸慳悋亦无所畏能與衆生佛之
智慧如來智慧自然智慧如來是一切衆生
之大施主汝等亦應隨學如來之法勿生慳

信於未來世若有善男子善女人信如來智
慧者當為演說此法華經使得聞知為令
其人得佛慧故若有衆生不信受者當於如来
餘深法中示教利喜汝等若能如是則為已
報諸佛之恩時諸菩薩摩訶薩聞佛作是說
已皆大歡喜遍滿其身益加恭敬曲躬低頭
合掌向佛俱發聲言如世尊勅當具奉行唯
然世尊願不有慮諸菩薩摩訶薩衆如是三
反俱發聲言如世尊勅當具奉行唯然世尊
願不有慮尒時釋迦牟尼佛令十方來諸分
身佛各還本土而作是言諸佛各隨所安多
寶佛塔還可如故說是語時十方无量分身
諸佛坐寶樹下師子座上者及多寶佛并上
行等无邊阿僧祇菩薩大衆舍利弗等聲聞

諸佛坐寶樹下師子座上者及多寶佛并上
行等无邊阿僧祇菩薩大衆舍利弗等聲聞
四衆及一切世間天人阿脩羅等聞佛所説
皆大歡喜

妙法蓮華經藥王菩薩本事品第二十三

尒時宿王華菩薩白佛言世尊藥王菩薩云
何遊於娑婆世界世尊是藥王菩薩有若干
百千万億那由他難行苦行善哉世尊願少
解説諸天龍神夜叉乾闥婆阿脩羅迦樓羅
緊那羅摩睺羅伽人非人等又他國土諸來
菩薩及此聲聞衆聞皆歡喜尒時佛告宿王
華菩薩乃往過去无量恒河沙劫有佛号曰
日月淨明德如來應供正遍知明行足善逝世
間解无上士調御丈夫天人師佛世尊其佛

有八十億大菩薩摩訶薩七十二恒河沙大
聲聞眾佛壽四万二千劫菩薩壽命亦等彼
國无有女人地獄餓鬼畜生阿脩羅等及以
諸難地平如掌琉璃所成寶樹荘嚴寶帳覆
上垂寶華幡寶瓶香爐周遍國界七寶為
臺一樹一臺其樹去臺盡一箭道此諸寶樹皆
有菩薩聲聞而坐其下諸寶臺上各有百億
諸天作天伎樂歌嘆於佛以為供養尒時彼
佛為一切眾生憙見菩薩及眾菩薩諸聲聞
眾說法華經是一切眾生憙見菩薩樂習苦
行於日月淨明德佛法中精進經行一心求
三昧已心大歡喜即作念言我得現一切色身
三昧皆是得聞法華經力我今當供養日月
淨明德佛及法華經即時入是三昧於虛

BD00747　妙法蓮華經卷六

三昧已心大歡喜即作念言我得現一切色身
三昧皆是得聞法華經力我今當供養日月
淨明德佛及法華經即時入是三昧於虛
空中雨曼陁羅華摩訶曼陁羅華細末堅黑
栴檀滿虛空中如雲而下又雨海此岸栴檀
之香此香六銖價直娑婆世界以供養佛作
是供養已從三昧起而自念言我雖以神力
供養於佛不如以身供養即服諸香栴檀薰
陸兜樓婆畢力迦沉水膠香又飲瞻蔔諸華
香油滿千二百歲已香油塗身於日月淨明
德佛前以天寶衣而自纏身灌諸香油以神
通力願而自然身光明遍照八十億恒河沙
世界其中諸佛同時讚言善哉善哉善男子
是真精進是名真法供養如來若以華香瓔
珞燒香末香塗香天繒幡蓋及海此岸栴檀

之香如是等種種諸物供養所不能及假使
國城妻子布施亦所不及善男子是名第一
之施於諸施中最尊最上以法供養諸如來
故作是語已而各嘿然其身火然千二百歲
過是已後其身乃盡一切衆生喜見菩薩作
如是法供養已命終之後復生日月淨明德
佛國中於淨德王家結跏趺坐忽然化生即
為其父而說偈言
大王今當知　我經行彼處　即時得一切　現諸身三昧
懃行大精進　捨所愛之身
說是偈已而白父言日月淨明德佛今故現
在我先供養佛已得解一切衆生語言陀羅
尼復聞是法華經八百千万億那由他甄迦
羅頻婆羅阿閦婆等偈大王我今當還供養

羅頻婆羅阿閦婆等偈大王我今當還供養
此佛白已即坐七寶之臺上升虛空高七多
羅樹往到佛所頭面礼足合十指爪掌以偈
讚佛
容顏甚奇妙　光明照十方　我適曾供養　今復還親覲
尒時一切衆生憙見菩薩說是偈已而白佛
言世尊世尊猶故在世尒時日月淨明德佛
告一切衆生憙見菩薩善男子我涅槃時到
滅盡時至汝可安施床座我於今夜當般涅
槃又勑一切衆生憙見菩薩善男子我以佛
法囑累於汝及諸菩薩大弟子并阿耨多羅
三藐三菩提法亦以三千大千七寶世界諸
寶樹寶臺及給侍諸天悉付於汝我滅度後
所有舍利亦付囑汝當令流布廣設供養應

起若干千塔如是日月淨明德佛勑一切衆
生憙見菩薩已於夜後分入於涅槃尒時一切
衆生憙見菩薩見佛滅度悲感懊惱戀慕
於佛即以海此岸栴檀為積供養身而以
燒之火滅已後收取舍利作八万四千寶瓶
以起八万四千塔高三世界表刹莊嚴垂諸
幡蓋懸衆寶鈴尒時一切衆生憙見菩薩復
自念言我雖作是供養心猶未足我今當更
供養舍利便語諸菩薩大弟子及天龍夜叉
等一切大衆汝等當一心念我今供養日月
淨明德佛舍利作是語已即於八万四千塔
前然百福莊嚴臂七万二千歲而以供養令
无數求聲聞衆无量阿僧祇人發阿耨多羅三
藐三菩提心皆使得住現一切色身三昧

无數求聲聞衆无量阿僧祇人發阿耨多羅三
藐三菩提心皆使得住現一切色身三昧尒
時諸菩薩天人阿脩羅等見其无臂憂惱
悲哀而作是言此一切衆生憙見菩薩是我
等師教化我者而今燒臂身不具足于時一
切衆生憙見菩薩於大衆中立此誓言我捨
兩臂必當得佛金色之身若實不虛令我兩
臂還復如故作是誓已自然還復由斯菩薩
福德智慧淳厚所致當尒之時三千大千世
界六種震動天雨寶華一切人天得未曾有
佛告宿王華菩薩於汝意云何一切衆生憙
見菩薩豈異人乎今藥王菩薩是也其所捨
身布施如是无量百千万億那由他數宿王華
若有發心欲得阿耨多羅三藐三菩提者

然手指乃至一指供養佛塔勝以國城妻子
及三千大千國土山林河池諸珎寶物而供
養者若復有人以七寶滿三千大千世界
供養於佛及大菩薩辟支佛阿羅漢是人所
得功德不如受持此法華經乃至一四句偈
其福最多宿王華譬如一切川流江河諸
水之中海為第一此法華經亦復如是於諸
如來所說經中最為深大又如土山黑山小
鐵圍山大鐵圍山及十寶山衆山之中須彌
山為第一此法華經亦復如是於諸經中最
為其上又如衆星之中月天子最為第一此
法華經亦復如是於千万億種諸經法中最
為照明又如日天子能除諸闇此經亦復如
是能破一切不善之闇又如諸小王中轉輪

法華經亦復如是於千万億種諸經法中最
為照明又如日天子能除諸闇此經亦復如
是能破一切不善之闇又如諸小王中轉輪
聖王最為第一此經亦復如是於衆經中最
為其尊又如帝釋於三十三天中王此經亦
復如是諸經中王又如大梵天王一切衆生
之父此經亦復如是一切賢聖學无學及發
菩薩心者之父又如一切凡夫人中須陁洹
斯陁含阿那含阿羅漢辟支佛為第一此經
亦復如是一切如來所說若菩薩所說若聲
聞所說諸經法中最為第一有能受持是經
典者亦復如是於一切衆生中亦為第一一切
聲聞辟支佛中菩薩為第一此經亦復如
是〻〻一切諸經法中最為第一如佛為諸法

王此經亦復如是諸經中王宿王華此經能
救一切眾生者此經能令一切眾生離諸苦
惱此經能大饒益一切眾生充滿其願如清
涼池能滿一切諸渇乏者如寒者得火如裸
者得衣如商人得主如子得母如渡得船如
病得醫如暗得燈如貧得寶如民得王如
賈客得海如炬除暗此法華經亦復如是
能令眾生離一切苦一切病痛能解一切生死之
眾生離一切苦一切病痛能解一切生死之
縛若人得聞此法華經若自書若使人書所
得功德以佛智慧籌量多少不得其邊若
書是經卷華香瓔珞燒香末香塗香幡
蓋衣服種種之燈酥燈油燈諸香油燈瞻蔔油燈
須曼油燈波羅油燈婆利師迦油燈那婆摩利
油燈供養所得功德亦復無量

BD00747　妙法蓮華經卷六

須曼油燈波羅油燈婆利師迦油燈那婆摩利
油燈供養所得功德亦復无量宿王華若
有人聞是藥王菩薩本事品者亦得无量无
邊功德若有女人聞是藥王菩薩本事品能
受持者盡是女人身後不復受若如來滅後後
五百歲中若有女人聞是經典如說脩行於此
命終即往安樂世界阿弥陁佛大菩薩衆圍
繞住處生蓮華中寶座之上不復為貪欲所
惱亦復不為瞋恚愚癡所惱亦復不為憍慢
嫉妬諸垢所惱得菩薩神通无生法忍得是
忍已眼根清淨以是清淨眼根見七百万二
千億那由他恒河沙等諸佛如來是時諸佛
遥共讚言善哉善哉善男子汝能於釋迦
牟尼佛法中受持讀誦思惟是經為他人說

所得福德无量无邊火不能燒水不能漂汝
之功德千佛共說不能令盡汝今已能破諸
魔賊壞生死軍諸餘怨敵皆悉摧滅善男子
百千諸佛以神通力共守護汝於一切世間
天人之中无如汝者唯除如來其諸聲聞辟
支佛乃至菩薩智慧禪定无有與汝等者
宿王華此菩薩成就如是功德智慧之力若有
人聞是藥王菩薩本事品能隨喜讚善者
是人現世口中常出青蓮華香身毛孔中常
出牛頭栴檀香所得功德如上所說是故宿王
華以此藥王菩薩本事品囑累於汝我滅度
後後五百歲中廣宣流布於閻浮提无令斷
絕惡魔魔民諸天龍夜叉鳩槃荼等得其便
也宿王華汝當以神通之力守護是經所以

也宿王華汝當以神通之力守護是經所以
者何此經則為閻浮提人病之良藥若人有
病得聞是經病即消滅不老不死宿王華汝
若見有受持是經者應以青蓮華盛滿末香
供散其上散已作是念言此人不久必當取
草坐於道場破諸魔軍當吹法螺擊大法鼓
度脫一切衆生老死海是故求佛道者見
有受持是經典人應當如是生恭敬心說是
藥王菩薩本事品時八万四千菩薩得解一
切衆生言陁羅尼多寶如来於寶塔中讃
宿王華菩薩言善哉善哉宿王華汝成就不
可思議功德乃能問釋迦牟尼佛知此之事
利益无量一切衆生

BD00747　妙法蓮華經卷六

圖書在版編目（CIP）數據

中國國家圖書館藏敦煌文獻. 第四九册 / 中國國家圖書館編. —北京：國家圖書館出版社，2024. 12

ISBN 978-7-5013-7972-9

Ⅰ. ①中… Ⅱ. ①中… Ⅲ. ①敦煌學－文獻 Ⅳ. ① K870. 6

中國國家版本館 CIP 數據核字（2024）第 036532 號

書　　名	中國國家圖書館藏敦煌文獻・第四九册
著　　者	中國國家圖書館　編
項目統籌	魏　崇　殷夢霞
責任編輯	程魯潔　潘　竹　黄　鑫　苗文葉
責任校對	王　哲
出版發行	國家圖書館出版社（北京市西城區文津街 7 號　100034） （原書目文獻出版社　北京圖書館出版社） 010-66114536　63802249　nlcpress@nlc.cn（郵購）
網　　址	http://www.nlcpress.com
排版印裝	天津裕同印刷有限公司
版次印次	2024 年 12 月第 1 版　2024 年 12 月第 1 次印刷
開　　本	787 × 1092　1/8
印　　張	39.5
書　　號	ISBN 978-7-5013-7972-9
定　　價	2800.00 圓